浙江智库

政府监管评论

GOVERNMENT REGULATION REVIEW

2024 年第 1 期

（总第 22 期）

王俊豪◎主编

中国社会科学出版社

图书在版编目（CIP）数据

政府监管评论. 2024 年. 第 1 期：总第 22 期 / 王俊豪主编. -- 北京：中国社会科学出版社，2024. 5.
ISBN 978-7-5227-4484-1

Ⅰ. D630.9
中国国家版本馆 CIP 数据核字第 2024WF5725 号

出　版　人	赵剑英
责任编辑	刘晓红
责任校对	周晓东
责任印制	戴　宽
出　　版	中国社会科学出版社
社　　址	北京鼓楼西大街甲 158 号
邮　　编	100720
网　　址	http://www.csspw.cn
发 行 部	010-84083685
门 市 部	010-84029450
经　　销	新华书店及其他书店
印　　刷	北京君升印刷有限公司
装　　订	廊坊市广阳区广增装订厂
版　　次	2024 年 5 月第 1 版
印　　次	2024 年 5 月第 1 次印刷
开　　本	787×1092　1/16
印　　张	9
字　　数	163 千字
定　　价	55.00 元

凡购买中国社会科学出版社图书，如有质量问题请与本社营销中心联系调换
电话：010-84083683
版权所有　侵权必究

编委会

主 编
王俊豪　浙江财经大学

学术委员会成员（按拼音排序）
陈富良　江西财经大学
陈勇民　美国科罗拉多大学
郭克莎　中国社会科学院
胡汉辉　东南大学
刘戒骄　中国社会科学院
迈克尔·赖尔登（Michael Riordan）　美国哥伦比亚大学
戚聿东　北京师范大学
夏大慰　上海国家会计学院
肖兴志　东北财经大学
薛　澜　清华大学
于　立　天津财经大学
于良春　山东大学
周志忍　北京大学

常务副主编兼编辑部主任
刘相锋　浙江财经大学

编辑委员会（按拼音排序）

戴卫东、高伟娜、黄文礼、李云雁、裘丽、邵丹娜、邵慰、沈彩霞、唐要家、王建明、王岭、王正新、谢玉晶、杨雪锋、张肇中、甄艺凯

主办单位

浙江省新型重点专业智库"中国政府监管与公共政策研究院"
浙江省2011协同创新中心"城市公用事业政府监管协同创新中心"
浙江财经大学战略性学科团队—政府监管理论与政策研究
浙江省登峰学科—应用经济学
浙江财经大学中国政府监管研究院
中国工业经济学会产业监管学科专业委员会
中国城市科学研究会城市公用事业改革与监管专业委员会
中国能源研究会能源监管专业委员会

主编寄语

构建中国特色哲学社会科学，是以习近平同志为核心的党中央提出的坚持和发展中国特色社会主义的一项重要任务。习近平总书记在多个重要场合指出，"不断推进学科体系、学术体系、话语体系建设和创新，努力构建一个全方位、全领域、全要素的哲学社会科学体系""加快构建中国特色哲学社会科学，归根结底是建构中国自主的知识体系"。

政府监管理论是哲学社会科学的重要组成部分，政府监管是中国政府重要职责之一。中国政府监管理论经过引进阶段、探索与应用阶段、初步形成阶段，已经迈入了中国自主知识体系构建探索阶段，亟须广大学界同人立足中国现有的社会主义基本制度，构建与现有发展阶段相适应的中国特色政府监管理论体系；服务中国政府监管实践需求，为解决中国监管面临的重大问题提供指导；提炼和概括中国监管实践经验和规律，形成一批既具有中国特色又便于国际交流的新概念、新范畴，加强话语体系建设；培育政府监管新兴交叉学科，促进学科建设与发展。

《政府监管评论》以推动中国特色政府监管理论与政策研究，打造高端、专业化的政府监管学术研究平台，强化政府监管领域专家学者交流为办刊宗旨。期刊将紧紧围绕"构建中国特色政府监管理论体系，服务政府监管实践需要"，发表政府监管领域的原创性、思想性学术研究论文，构建与完善中国特色政府监管理论体系，指导政府监管实践，创新政府监管方式，提高政府监管水平，促进国家治理体系与治理能力现代化。

《政府监管评论》不仅要发表高质量学术论文，还要在推动政府监管相关学科的发展中作出更大贡献，以中国政府监管论坛、政府监管理论与政策国际研讨会、中国公用事业改革与监管论坛等高端学术论坛为抓手，以中国工业经济学会产业监管专业委员会、中国城市科学研究会公用事业改革与监管专业委员会、中国能源研究会能源监管专业委员会等为平台，在学科建设方面发挥引领作用，推动政府监管理论创新，更好服务政府监管实践。

我们将继续坚守科学精神、回应时代需求，努力提升自身的办刊能力、学术水平和对优秀论文的吸引力。同时，恳请各位同人对《政府监管评论》提出宝贵意见和建议，并希望得到大家一如既往的关心和支持，让《政府监管评论》迈上新台阶。衷心祝福学界同人身体健康、工作顺利、心情愉快！

2024 年 5 月 12 日

目　录

数据集中、数据市场失灵与反垄断初探………　方　燕　高松青　陈建先（1）

基层政府公平竞争审查制度执行的困境与进路优化
　　——基于苏州市 Y 区的个案研究………　李　娜　郭景丽　蒋星伦（34）

普惠金融背景下银行业差异化监管体系研究………………………　王　慧（56）

推进企业"数据资产"交易下的税收精准监管研究……………　王鲁宁（75）

中国式现代化建设背景下海洋开发的四重战略
　　内涵及价值意蕴探析………………………………　欧　瑞　温佳慧（94）

美国输配电行业价格规制研究：现状、趋势与
　　启示………………　李宏舟　高梦慧　李　姝　吴珍珍（104）

数据集中、数据市场失灵与反垄断初探*

方 燕 高松青 陈建先**

摘 要 本文从法律经济学角度梳理和探讨了数据智能时代下数据集中引致的垄断性数据市场失灵及反垄断寓意。数据对市场透明度的显著提升惠及各类消费者，但是数据资源在特定条件下有可能使数据集中潜在地诱使市场势力和构建进入壁垒。分析数据竞争及其福利影响时依赖数据内在特性，还常牵涉数据安全隐私诉求等，导致涉及数据的反垄断审查复杂化。评判数据集中的竞争效应和作出反垄断应然抉择，从可触达性和数据产业价值链条角度进行审视和破解，全方位地洞悉和深刻理解数据采集、处理和使用的方式。本文的研究有利于更准确地认识数据集中和数据市场失灵现象，为涉及数据的互联网反垄断审查提供建设性见解和启示。

关键词 数据集中；垄断性数据市场失灵；数据多维性；竞争效应分析；反垄断

一 引言

随着新一代技术革命和产业变革向纵深推进，数据资源在经济社会活动中的重要性大大提升，极大地影响着生产、生活和治理方式，开始成为关键性生产要素。随着数据资源的商业和战略价值不断凸显，围绕数据的争议和纠纷也日渐增多。特别是，2020年12月开始的中央政治局会议和中央经济工

---

* 国家社科基金重点项目"数字正义视角下算法价格歧视的福利损益及向善治理研究"（项目编号：22AJY016）。
** 方燕，浙江财经大学中国政府管制研究院；高松青，浙江省二轻集团投资发展部；陈建先，首都经济贸易大学经管学院。

作会议先后给出强化反垄断监管和防止资本无序扩张的基调，提出要在完善平台企业垄断认定、数据收集使用管理、消费者权益保护等方面的法律规范后，围绕数据集中乃至"数据垄断"议题的讨论成为热点，其直接牵涉平台垄断认定和数据采集使用管理等议题，特别地，有关平台垄断认定标准的探讨离不开对数据集中乃至垄断问题的深化认识。在新版《中华人民共和国反垄断法》（以下简称《反垄断法》）和《国务院反垄断委员会关于平台经济领域的反垄断指南》中都对数据引起的竞争顾虑做出了相应回应，在支配地位认定中新增考虑了数据因素的竞争影响。同时，随着数据被国家定位为战略性生产要素，凸显了数据资源要素开发利用之重要性，但是网络空间中数据资源趋向于少数几家大型企业的集中现象愈加明显，数据交易市场失灵在所难免。直观看来，这将严重影响数据的开发和利用，让社会福祉无法充分实现。由于数据资源拥有不同于传统经济资源和生产要素的特征，对数据集中现象引起的竞争影响并不像想象的那么简单。因而，当前继续深入研究数据集中引致的垄断性数据交易市场失灵及其反垄断寓意具有重大价值。对于此议题，当前学界和业界从经济学、法学和商业实践等视角出发都有着较多的探讨和争论，但仍相对缺乏充足的共识。

本文重点从法律经济学角度梳理和分析数据经济时代下数据集中引致的垄断性数据市场失灵表现，结合数据特性阐述其带来的竞争影响及其复杂性，并尝试初步给出深化数据竞争认识的有益思路。

二 数据集中、数据市场失灵与反竞争效应初探

（一）数据集中作为市场势力和进入壁垒的潜在来源

1. 有关数据集中是否助长市场势力和进入壁垒的争论

重点关注的一个主题是，数据集中驱动的网络效应是不是竞争顾虑的源头，引致出现垄断性数据市场失灵。具体地，在数据生态体系中，对海量原始数据的控制和使用是否在何种条件下可视为一种数据市场失灵和市场势力的源头，构建起所谓的数据进入壁垒（Data Barrier to Entry）（Arrieta-Ibarra, et al., 2018）。换言之，社会上普遍持有的这一论断是否站得住脚，即大型在位者拥有更多的用户数据资源，使其能比潜在进入的挑战者提供更优质、更多样的产品服务，让其获取到一个相对于进入者难以扭转的竞争优势（Varian, 2017；Kuhn, et al., 2022）。甚至，对海量数据资源的掌控方面的优势会加剧在位者原本就具有的市场支配力，强化从网络效应和规模与范围

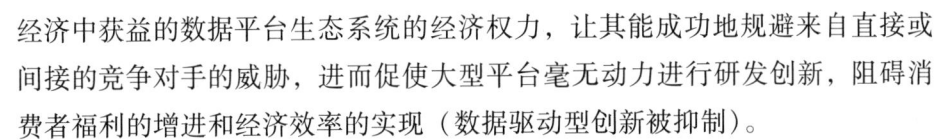

经济中获益的数据平台生态系统的经济权力，让其能成功地规避来自直接或间接的竞争对手的威胁，进而促使大型平台毫无动力进行研发创新，阻碍消费者福利的增进和经济效率的实现（数据驱动型创新被抑制）。

针对数据集中对市场势力和进入壁垒的影响，仍存在争论。

一种观点认为，理论上，如果手握海量数据资源就能够（或有助于）确保在某个市场获得（或巩固）一定的竞争优势，采集和处理数据资源的活动本身，就可能搭建起一个进入壁垒，自动赋予数据持有优势一方以排斥对手、扩大（或维持）自身优势地位，或者以其他方式损害竞争秩序的动力或能力，成为形成或强化市场势力的一个潜在源头（Mahnke，2015；Bundeskartellamt，2016）。此外，从所披露的利润和市值来看，数据经济中的在位大企业（特别是互联网科技大公司）似乎获得了极大的经济租金。许多数字市场当前也呈现出较高的集中度（Furman，et al.，2019）。这些事实或现象，或许也反映了囤积用户数据行为的存在，在某些情况下，构建起阻止来自中小企业和初创企业的竞争压力的进入壁垒。进一步地，Furman 等（2019）、Cremer 等（2019）和 Scott Morton 等（2019）等专门探讨和评估数字竞争的著名报告，强调采用数据政策工具来对付数据驱动型垄断行为，如开放独家数据访问权限、推进数据池多样化、追求公共数据开放共享共用及推进商业数据流转交易等。正如 OECD（2014）报告显示，大数据经济学倾向形成市场集中化和支配化的格局。当集中化是市场成功的结果时，数据驱动型市场能带来赢者通吃的局面。

另一种观点则完全不认为掌控海量的数据资源是数字时代下获得或巩固市场势力的源头（Manne and Sperry，2015；Varian，et al.，2018）。这些专家认为，诚然，在先动者已经获取了某种宝贵资源的事实，让潜在或直接的进入者更难以获取相当的资源或获取的成本更高，这个竞争性资源确实可能成为市场进入壁垒的一个源头，但是这一点通常不适用于数据，甚至不适用于从数据中获得的信息、知识和经验[①]。大型科技公司催生了数百家初创公司，某种程度上扮演着类似于 IBM、HP、麦肯锡和其他标志性公司所扮演的孵化角色。在自由的劳动力市场，囤积知识经验几乎是不可能或不可行的。即便某人拥有了建立新公司所需的信息、知识和经验，数据资源通常也会作为业务运营的副产品而源源不断产生。彰显相同或相似信息的数据能通过多渠道

---

① 信息通常能获取或复制，而知识和经验经常嵌入人身上。人作为劳动力又容易被引诱或激励更换雇主。

获取，特定平台难以完全控制所有渠道。

此外，Eeckhout 和 Veldkamp（2022）就指出，数据作为企业降低风险的一种手段，能用于降低有关产品未来需求的不确定性：有关未来随机需求的风险越低，企业越愿意进行更多的投资，潜在的增长更多和对价格的影响更大。当企业对风险进行定价时，产品价格边际（Price Markup）就可能表征市场力量和风险补偿。当数据让不确定的未来结果更可预测进而降低风险时，也就降低了风险溢价（Risk Premium）和价格边际。同时，企业会对有关产品需求的数据信息进行反应，相应地增加对高需求、高价格边际产品的生产。也就是说，数据资源的存在，改变了产品生产组合，增加了对高价格边际产品的生产，进而提升了价格边际和企业经济租金。进一步地，数据引致的风险降低和生产调整的平衡，随着不同产品、企业和产业而有所不同。总之，数据资源降低产品需求风险，提升企业利润；大型企业拥有的数据优势，让其实现更多的风险降低和更高的经济利润，进而让其相对于其他竞争对手拥有更高的竞争优势。但是，这一机制意味着，这种竞争优势不是抑制而是增进了经济效率。

2. 辨析争议可秉持的要点

要明辨这两种针锋相对的论断，很有必要明确两点重要认知或原则。

（1）有关数字情境下相关数字行业的特性。需要强调的一点是，即便真的存在数据进入壁垒，按道理它也应适用于依靠数据驱动或数据发挥重要作用的所有行业，而不单单是互联网或数字行业。同时，互联网行业是个进入壁垒降低明显的动态性行业（方燕，2020）。线上开展和壮大一项业务所需的资本成本，明显要比线下世界低得多；实现全球性触达、标准化技术和通信协议，以及使用算力和存储资源平台所面临的价格付出骤降，都意味着开展一项线上业务所需的代价投入是相当便宜的，后续还会更便宜。这些特性，使初创企业能较为轻易地就站稳脚跟甚至发展壮大，特别是潜在竞争者很可能快速发展并取代在位者。毕竟，在位企业已经在生产和销售产品服务的过程中沉淀了许多富有潜在价值的数据资源，而潜在进入者暂时还不拥有相当或至少足以发起挑战所需的数据量。但是，每年涌现成千上万家初创企业的事实，似乎意味着，进入者相对在位者在数据掌握层面的劣势，并未阻止进入者进入和发展。当前，许多成功的企业在初创时期都不具有数据优势，甚至根本毫无数据可用，但是随着业务逐渐有起色，开始通过获取充足的人才等资源，采集重要数据并从中提炼信息和知识等，才获得了相对于"老派"在位者的独特优势甚至竞争优势。回顾华为、谷歌等科技企业的发家史便可

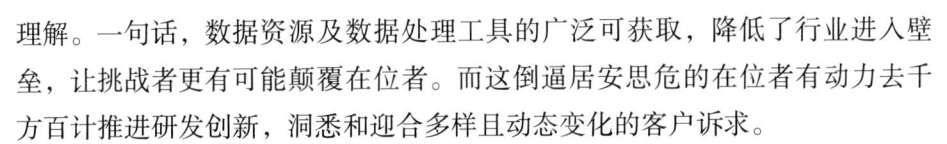

理解。一句话，数据资源及数据处理工具的广泛可获取，降低了行业进入壁垒，让挑战者更有可能颠覆在位者。而这倒逼居安思危的在位者有动力去千方百计推进研发创新，洞悉和迎合多样且动态变化的客户诉求。

（2）数据资源的竞争分析和反垄断审查。考虑到复杂的数字数据生态系统涉及许多活跃在相关联的市场（往往还是多边市场）的利益主体，在界定相关市场、测度市场势力、确定主导地位认定门槛、更新竞争损害理论等方面，都必须拓宽视野，不单要考虑市场多边性，还要特别考量数据生态系统的许多重要特征和涉及多个市场之间的相互依赖关系。相关的重要特征和初步影响有：①（直接和间接）网络效应可能改变竞争类型和性质，导致赢者通吃（或极化）而又未必损害经济效率的结果；②自我学习型算法驱动的、陡峭的学习效应可能显著降低生产成本和提升先动者优势，导致市场极化而又未必损害经济效率的结果；③不同市场之间的关联性（市场常呈现多边性），使易于将一个市场主导力量拓展至其他相邻甚至非相邻的市场；④用户多归属性使普遍能同时接入和使用多个同类平台；⑤频繁又激烈的研发创新活动，俨然形成一场场局部甚至全局的研发创新竞赛，从而可能导致当事企业的市场地位快速频繁更迭，未来极为不可预测等。

3. 数据不宜简单地视为进入壁垒源头的潜在理由

在此情景下，Manne 和 Sperry（2015）等文献倾向认同数据不能作为一个反垄断相关的进入壁垒论断。主要理由有以下几点。

（1）同等数据采集渠道的缺乏。当新进入者不能采集（或购买）到等量级、（至少）等质的数据资源，数据充当抑制竞争的潜在来源的可能性更大。在"汤姆森—路透"并购案（2008）中，美国和欧盟均否决此宗并购交易的核心理由是，这两家手握基础金融数据的巨头并购，会让全球的公开交易企业获取基础金融数据时面临更高的进入壁垒，助推所涉及的三大金融数据库的销售价格升高和相应的创新步伐延缓。正如美国司法部当时所言，如果批准此交易，基础金融数据市场中的国际侧新进入者可能需要额外地面对诸多难题：难以在全球范围内组织数以千计的企业一起采集基础金融数据资源，难以构建起一个可靠的历史数据库，难以积累和培育起熟悉和擅长各国会计惯例的当地专长知识，甚至难以实现金融数据标准化等操作。总之，这宗并购交易一旦获得无条件批准，任何相关企业的市场进入或规模拓展，都不太可能及时且有效地遏制住并购后的新主体采取反竞争性提价行为的冲动。美国司法部要求并购方要出售特定数据库的拷贝和按要求授权相关知识产权，才能打消相关的竞争顾虑。像"汤姆森—路透"并购案那样，数据采集活动有时只是一个纯粹独立的经济行为。更常见的是，数据采集作为一个生产性活动的某种副作用而出现，后续将会涉及。

（2）对数据资源采集的阻挠。当用户数据能够作为在位平台开展（或改进、拓展）相应的产品服务的一个有用或要素时，就提高了阻挠竞争对手获取这些数据信息，并依靠数据优势拓展市场势力的边界能力。拥有大量在线注册用户的大型购物平台，如亚马逊、淘宝/天猫、京东商城等，获得了很大份额的用户数据资源，促使自己在产品营销和广告销售方面获得了相对于其他中小型购物平台的优势地位。在线购物入口等数字平台运营商有动力并购（或联合）同样掌握较多用户数据的（线下、线上）平台企业，壮大能为己所用的用户数据资源库。回顾亚马逊、阿里巴巴和腾讯等巨头近年并购或联盟线下或线上零售平台，就可见一斑。同理，2014 年美国司法部（DOJ）否决点评类平台 Bazaarvoice 并购其主要竞争对手 Power-Reviews 的交易申请的主要理由是，两者间的横向并购交易会在评级与审查平台市场领域急速创造出一个几乎处于垄断地位的巨头（U. S. v. Bazaarvoice, Inc., 2014）。这个新巨头控制的海量点评数据，在网络效应、转移成本和声誉机制等的共同作用下，可能构建起一个几乎不可突破的进入壁垒。这个进入壁垒，在市场集中度原本就容易偏高和市场特点便于默契合谋的经济环境下，会潜在地严重削弱既有的竞争秩序。更一般地，数据驱动型的企业并购交易对消费者剩余的影响取决于产品服务市场结构（Kim, et al., 2019）。

对于搜索引擎和社交网络等典型的数据驱动型产业，市场集中度往往较高，通常由少数几家平台把持。这一点类似具有强网络效应的网络型产业（Economides and Fryer, 1997；Economides, 2006；2008）。其实，数据资源能同时让需求侧规模经济（网络效应）和供给侧规模经济（学习效应和自然垄断性）的影响出现倍增、放大和叠加效应。数据资源的采集和使用，提升在位者的领先地位（或者说市场势力、市场力量），使（需求侧和供给侧）规模经济对竞争强度的抑制作用同样倍增。

数据优势足以促进竞争优势的论断是过于武断的，此论断成立与否更多地依赖情景和时间。Hagiu 和 Wright（2020）基于特定的预测情境，讨论了用于预测的数据资源何时构建起一道进入壁垒的问题。由于增加单位数据所创造的价值取决于预测所需的精准度（Required Accuracy of the Forecast），在精准度很关键的情景下（如疾病预测系统、在线搜索引擎、自动驾驶系统等），拥有数据优势的企业就可能获得一个足够强大的竞争优势。至于竞争优势多大才算足够强大，则是一个经验或实证问题。数据资源是否作为一个竞争优势的来源，还受到其他因素的影响，如市面上替代性数据的缺乏、独特的数据分析能力的获得等。当然，即便数据资源确实可视为竞争优势来源，但是长期来看，数据价值急速贬值等特性的存在，也会让这个竞争优势难以长时间地持续。

如上分析的两点开始得到部分竞争执法者的关切。德国和法国竞争执法机构于2016年联合发布研究报告《竞争法与数据》，提及在判断对数据采集环节的控制是不是市场势力的一个源头的过程中，需要考虑两个相关因素：①数据的稀缺性（或数据复制的难易程度）；②数据采集环节的规模或范围对竞争能力的重要程度（Autorite and Bundeskartellamt，2016）。一般情况下，细致评估数据价值链各环节面临的潜在进入壁垒所引起的经济影响都很重要。

（3）易忽视进入壁垒分析。或许更重要的一个理由是，将包括数据资源在内的某种生产要素轻易就贴上进入壁垒源头的标签，面临着这样一个重大风险，那就是忽视了对进入壁垒本身的深入理解和科学界定。所有商业活动都涉及经济成本和付出，包括进入成本、法律和管制成本、授权和开放知识产权的成本、专有设备支出、熟练技工雇佣费等。仅仅考虑实现市场进入面临的相关成本支出，并将之视为进入壁垒的来源，是毫无实质性价值的。更应从两个潜在方向推进：要么明确界定进入壁垒边界和评估福利影响，要么聚焦依据特定定义去识别某种（或某个）进入壁垒的存在性。竞争分析过程中，应当合理揣测和解释目标产业在未来数年会如何运作和演变，进而迫使其认真关注和分析各种潜在的不确定性和调整成本等因素。

综上所述，围绕数据优势的竞争分析，或者说有关数据是否诱导市场势力的探索，是数据经济时代下数据驱动的反垄断审查必须面临的一个关键性议题。对此，必须基于数据价值链各环节的具体情景，综合评估所牵涉的潜在进入壁垒的竞争影响。既综合评估工作又在很大程度上依赖数据的具体类型和用途，特别是对相关数据的算法处理等，因而只能进行个案分析才能判定（Maggiolino and Farrari，2020）。换言之，作为副产物的数据资源对市场力量的影响，不仅取决于其对产品服务生产过程的改造方式，还取决于描述和刻画市场力量的视角。

（二）数据驱动的市场透明对竞争产生双重影响

对海量数据的采集和使用，通常被认为有助于显著提升在线数字市场的透明度，让虚拟空间里的几乎任何产品服务，能几乎同时被消费者、竞争对手和监管机构等各方利益主体所知晓，能轻易获取和实时更新有关服务价格、质量评价和信用诚信等方面的重要数据信息，让在线市场透明性达到空前水平（Bundeskartellamt，2016）。但是，从经济学角度来看，市场透明度的提高对市场功能的影响，并不是那么明确和清晰的（Bundeskartellamt，2016）。

1. 数据驱动型市场透明让市场供求两端都受益

正如报告OECD（2017）所言，对于数据驱动型市场，供给和需求两方面往往都得到了显著的效率改进；数据资源在云计算和算法规则助力下的广泛深度运用，提升信息透明度，在数字服务产品供应和使用之类的共识性问题上，往往带来了竞争促进效应。这一点在理论文献及实验室和实地实验中都得到支持。

供给角度，在算法规则加持下的数据资源，不仅在促进实现静态配置效率，还在帮助企业改善既有产品（工艺），或者推动开发新产品（工艺）。后一种情形往往意味着降低了市场进入难度，甚至促进了市场进入的发生。这都将迫使居安思危的在位企业持续面临着研发创新的压力或动力，研发创新活动日益频繁，创新成果不断涌现，动态效率得以实现。特别地，更高的市场透明度，便于新竞争者掌握更多有关消费者诉求和市场条件方面的信息，帮助其更及时、更精准地进入目标市场，或者能扩展其竞争行为库的边界。数据驱动型的市场透明带来的有益面已经开始得到学界的关注。比如，理论研究方面，Cooper等（2005）构建微观经济模型探讨了空间价格歧视，并且比较了在企业能和不能获取详细的消费者数据信息的情况下使市场格局从三寡变为双寡的并购影响问题。该文的结果显示，获取和触达详细的消费者数据信息并基于此进行歧视性定价的能力，可能使并购交易相对于企业缺乏这些数据信息或只能统一定价的情形，拥有更低的反竞争价格效应。

需求角度，在算法规则加持下的数据资源，通过支持消费者做出更合理、更及时的消费决策，显著影响着数字市场的动态演变路径和最终格局。比如，数据资源能够帮助在线消费者频繁乃至实时比较价格与服务质量、预测市场行情发展演变趋势与规律、提升做出行为决策的速度而明显降低搜索与交易成本、克服卖方偏见以助力消费者更理性地选择，以及强化买方力量以对冲卖方的优势地位等。鉴于此，Gal和Elkin-Koren（2017）提出算法型消费者（Algorithmic Consumers）概念，用于刻画这样一种影响，那就是在数据驱动型市场环境下在线消费者借助算法和数据做出购买决策带来决策过程的变化。

特别是，更高的市场透明度，会因让消费者更容易比较其他竞争性产品服务的价格或其他特征属性而获益。比如，价格比对软件（Tripadvisor、国内的如意淘和惠惠购物助手等），让在线消费者能够在掌握更多的相关数据信息的条件下作出购买决策，从而使在线购物平台（甚至包括实体店）之间的价

格和质量竞争异常激烈，进而让消费者从物美价廉中获益（Pitruzzella，2017）。国内许多浏览器（如搜狗浏览器、UC 浏览器、猎豹浏览器和 360 浏览器）和电商平台（如淘淘搜比价和亚马逊购物助手），也推出比价板块或插件，便于汉语网民"货比三家"。也即在线价格信息的广泛透明，提升了消费者和企业进行比价的能力和条件。在需求端上，价格比较工具和电子商城，让在线消费者能快速比较跨越在线卖家的海量产品价格，便于消费者作出更理性的选择。这倒逼平台企业（卖家）之间进行更激烈的价格竞争。反过来，聪明的平台企业自然也会利用价格透明性，给自家的产品服务作出更佳的定位部署和采取更加切合实际并不断迭代的竞争战略布局。只要卖家确实能够紧密洞悉其他竞争对手的服务价格和质量等策略信息及其演变，就能轻易确定和实行动态定价（Dynamic Pricing）策略。实证也显示，动态定价策略在数字商业情境下很普遍（European Commission，2017）。

2. 数据优势可能被滥用，恶化竞争秩序

尽管提升数据信息透明度在数字服务提供和使用上有益于社会福利，但是随着海量数据资源的沉淀和采集（特别是针对竞争对手的定价信息），更多相关的宝贵信息可能被企业以某种限制竞争的方式进行开发和使用，导致出现垄断现象和数据市场失灵。这可能助推形成算法驱动型的歧视和合谋行为（OECD，2017；Ezrachi and Stucke，2016）。数据和算法驱动下的市场透明化，培育了企业达成、监控和履行合谋协议的能力，特别是有望提升（显性或默契）合谋的稳定性。通过更容易、更及时的侦查对合谋协议的私自偏离行为，市场透明化降低了偏离行为引致的预期利润，从而降低了诱使偏离（显性或默契）合谋协议的激励动机。在一定程度上，有关在线产品服务价格等特征数据信息的易获取性，以及这些数据信息实时展现的能力，共同使在线市场获得了空前的透明度。此外，海量数据资源的采集连同算法规则的使用，增大了形成价格合谋的可能性。市场透明作为一个促成合谋的因素，几十年来一直备受争议。随着复杂的智能算法、大数据分析等技术的发展和运用，合谋的发生越发可能。通过分析与处理所获得的数据信息、监督或预测竞争对手对其对手当前和未来产品价格的反应等行为举措，企业能轻易地发现和甄别一个可维持的超竞争性价格，并据此与其他"同行"达成一致。数据依赖型的算法规则，用于实施合谋协议和侦查偏离行为，或让合谋价格更准确地随着外生市场条件的变动而做出反应（Ezrachi and Stucke，2017）。

同时，通过并购交易获得或巩固的数据优势，还可能阻止初创公司。比如，在 2019 年 11 月谷歌以 21 亿美元收购可穿戴设备市场开拓者 Fitbit 案件中，尽管谷歌方强调本次交易是关于设备而非数据的收购以帮助谷歌在可穿戴设备市场与苹果、三星、亚马逊、华为和 Garmin 等对手直接竞争，但是美国、欧洲和澳大利亚等竞争监管机构还是对谷歌因此获得的数据优势及其带来的潜在竞争问题表示顾虑。欧盟委员会关注的重点主要是，Fitbit 数据资源及相关技术能力将进一步强化谷歌在数字广告市场中的数据优势，使其竞争对手更难以与之匹敌；谷歌可能会通过限制 Fitbit Web API 访问的方式，阻止竞争对手获取相关数据资源，扼杀欧洲数字医疗领域的初创企业发展壮大。当然，欧盟委员会自 2020 年 8 月开始立案调查 4 个月后就附带条件批准了此宗并购，条件是谷歌作出了相应的承诺以解决欧盟委员会的上述两点顾虑：不会将欧洲经济区来自 Fitbit 和其他可穿戴设备的用户数据信息用于谷歌广告跟踪，将来自 Fitbit 的健康数据与用于广告的谷歌其他数据分开存储，且用户可决定是否将其健康数据存储在其谷歌或 Fitbit 账户中（广告使用承诺）；将保持其他第三方可穿戴设备对安卓 API 的访问权限，让其能和安卓手机互通至少 10 年（网络 API 访问承诺）；在征得用户同意的情况下维持第三方对 Fitbit Web API 和谷歌其他腕带可穿戴设备采集的特定用户数据的访问权限免费开放至少 10 年（使用权限承诺）。谷歌并购 Fitbit 案，成为欧盟在将数据纳入平台并购审查以来首次附条件批准的案件。从以往案件来看，对于平台并购过程引发的数据竞争关切，欧盟委员会均会基于"并购后的数据并非独一无二的"且"不构成排他性控制"的思路，否定可能引发的反竞争影响。澳大利亚竞争与消费者委员会则初步拒绝接受谷歌提供的长期承诺，认为在复杂多变的数字市场领域，此类承诺未必能得到有效的监督和执行，并表示将继续深入调查此宗交易。美国司法部对此宗并购案的调查已结束但未采取任何阻止行动。其他国家竞争监管机构也几乎从未在相关案件中采取干预措施。从目前的动向看来，欧盟、美国和澳大利亚等西方监管机构对待数据集中问题的态度正变得愈加谨慎，越来越倾向于认定数据资源确实是构成或巩固数字市场力量的关键因素。

  如果考虑到数据资源所倚仗的算法规则，那么仍存在两个复杂问题，使其限制竞争的潜在风险更高。一个问题是，即便不存在明显的横向协调，简单定价算法的广泛使用（最简单情形是所有算法出自同一家企业）就有能力阻止竞争秩序。因为，这些算法不仅降低了不确定性，还降低了促使价格竞争的行为偏误。另一个问题是，数据依赖型算法规则也会限制自由竞争。主要原因在于，这种算法整合了竞争对手的价格固定机制，每个竞争者都不约而同地依据价格的过往变动数据做出相当反应。即便算法来自不同企业，也能单方面对焦到跟随对手提价、惩罚偏离等行为上。现实中至少由于两点理由往往很难惩戒这些协同行为。首先，市场透明一般被认为能够惠及消费者，使其得以与企业共享相当的数据信息，这一点至少理论上是如此。其次，协调行为并非实现超竞争性结果的必要条件（Bundeskartellamt, 2016）。更何况，默契合谋也可能是复杂的机器学习算法正常运作带来的一个自然结果，未必是有意为之的结果。其实，如果综合考虑进入壁垒、价格歧视和技术改进潜力等多方面因素，数据资源在促进市场集中的同时，又会反过来降低市场地位滥用的可能性。数据资源引致的市场集中（甚至是经济权力集中），有助于持续刺激研发创新活动，因而长期而言未必是有害的。

当然，对于少数全球性科技巨头的权力集中，不单单可能衍生出经济权力集中乃至政治权力集中，还可能带来因其跨国性衍生而带来的其他顾虑（Massimiliano and Guerzoni, 2018）。因为，这类巨头能借助地区总部地址的挑选，轻易激起相关国家之间的税收竞争，也能使用更富有倾向性的隐私条款和更有针对性的数据使用等方式，追求不可告人的目的。比如，GAFAM[①]就以此充当美国政府监听全球的帮凶。这些顾虑未必是一国竞争政策所能解决的，需要跨国沟通合作乃至打造国际性机制。

（三）数据集中带来的复杂影响

网络空间的数据信息资源过于集中地由少数几家平台所掌控，已经成为全球各国竞争执法机关关切的一个重要课题。当前，基于数据的企业竞争优势，或者说数据采集规模上的优势，已经成为主要国家和地区竞争监管机构审查和评估科技企业是否滥用市场支配地位的重要考察因素。同时，在企业并购（国内所说的经营者集中）审查过程中，会重点考察数据的可获得性和可替代性等特性。数据集中已经成为数字时代下市场竞争规则调整或重构过程中无法回避的一个问题。德国第十版的《竞争法》很好地体现了此点，专门考察了数据因素的竞争影响并给出专门规则。美国、法国、英国、欧盟和OECD等司法辖区和组织的研究报告和执法实践，大多也将数据集中问题纳入竞争分析和调查执法的范围。其中的许多报告和执法分析还引入新的分析框架，如试图根据涉及的平台类型、网络效应特征、用户归属性等情况对数据集中进行类型化分析。

[①] GAFAM，是Google（Alphabet）、Apple、Facebook、Amazon和Microsoft这五大美国科技巨头首字母缩写。

数据集中是否真的会带来垄断？或者说数据垄断①是否为真命题？对此，学术界存在针锋相对的两种观点。以部分法学专家为代表的一派偏向于秉持数据垄断存在论。他们认为，数字平台企业能通过采集和使用海量的数字数据资源，获取或维持在数字市场领域的市场支配地位；业务多元化或领先的优势企业对所掌握的海量数据资源的排他性支配，使他们更有能力将竞争对手赶出目标市场。因为，新创企业或新进入者无法（或很难）获取（或购买到）挑战优势企业所需的对等或足量的数据资源，数据规模上的差距造成各企业提供的服务质量或工艺上的差距，进而使新创企业很难成功或有效进入目标市场。这意味着，存在无形的进入壁垒，使互联网数字经济领域诸多行业普遍趋向集中化。以许多经济学家为主的一派则偏向坚持数据垄断难存在论。他们认为，数据资源普遍具有非竞争性和瞬时性，同时，许多数字行业中的用户都带有多归属性进而无形中促使了对个人数据信息的多平台共享，这两点共同使数字企业往往难以对有关特定用户特征信息的数据资源形成实质性控制。因而，尽管现代企业普遍很积极地积累数据资源，但在数据采集上拥有的数量规模优势并不必然带来竞争优势，也就无法由此获取或巩固持续性的市场力量。

其实，判断数据垄断命题成立与否，不单单同所掌控的数据规模有关，还取决于许多其他的重要因素。这里至少应包括的因素有：①数据规模优势对企业市场力量的影响性质和程度。②数据资源是否构成必要设施。③是否能基于数据资源优势成功地实施垄断行为。④数据资源带来的净影响。前三个因素在后续关注，这里重点关注第四个因素。

诚然，在数据资源和算法规则的战略性作用下，有关用户行为和特征信息的数据越来越集中到少数大型企业（常采用平台模式）手中，而这势必带来深刻影响。但是，也有必要明示三点相关认识，才能更客观地认识和判定数据垄断议题。

第一，数据相对集中往往是随着整个行业数字业务（特别是行业开拓者或整合者的领先业务）的成功而自然演变的结果。成功企业的算法规则和商业运营模式，会随着受到越来越多数据的"喂养"而自然地优化和升级。这些本无原罪可言。

第二，数据相对集中通常可能带来社会福利或经济效率的改进（Lambrecht and Tucker，2015）。比如，一般认为，数据驱动型并购交易行为，在数

---

① 许多人常用的"数据垄断"一词，因本身就模棱两可且有先入为主之嫌，而不建议使用。

据重组下有望提升产品服务性能、降低产品服务价格和助推研发创新活动，进而改善静态和动态效率。围绕数据驱动型并购的效率促进式论断，是评分评论平台运营商 Bazaarvoic 并购其竞争对手 PowerReviews（2012 年）时向美国司法部和法院提供的辩护理由，也是 Microsoft 并购 Yahoo 搜索业务（2010 年）时主张的主要理由。最终的结果是，Bazaarvoice 并购 PowerReviews（2012 年）一案被禁止，而 Microsoft 并购 Yahoo 搜索业务（2010 年）一案被批准。因为，美国竞争执法机构认为，前案交易会促成一个行业垄断者，而后案交易有助于培育和壮大一个能更有效地与行业领导者 Google 搜索进行竞争的对手。当然，并非所有看似与数据相关的并购交易，实质上都跟数据优势有关。比如，Telefonica/Vodafone/Everything Everywhere 并购案（2012 年）和 Publicis/Omnicom 并购案（2014 年）均涉及数据分析服务提供商之间的竞争，但是不直接相关数据采集环节和数据规模优势问题。

第三，现代企业有时确实可能借数据驱动型策略，获得、维持或强化不公平、不合理的竞争优势，阻碍竞争秩序和抑制研发创新活动（Stucke and Grunes，2015；2016）。正如 OECD（2014）报告所显示的，大数据或者说数据资源驱动的经济效应，倾向于诱导形成市场集中化和支配化的格局。当集中化是市场成功的结果时，数据驱动型市场能带来赢者通吃的局面。特别地，大数据在惠及消费者的同时，也存在伤害消费者的潜在可能性。具体体现有，私有数据（数据是互联网的新货币）和广告观看（时间是金钱）给消费者额外带来直接成本，数据资源激发或支撑下的市场势力带来的高价格、低产出、低质量和研发缺乏等（OECD，2016）。避免数据资源引致的此等潜在损害的最直接手段是竞争政策和消费者权益保护。

涉及数据资源的反垄断审查面临的一个首要理论问题是，数据资源驱动或支撑的经济行为相对而言是否更可能具有反竞争性。相关的政策问题则是，数据资源是否应直接纳入反垄断分析框架？如果应纳入其中，那么该如何纳入？特别是如何识别基于数据实施的垄断行为？其他更具体的问题还有：数据资源优势究竟给领先平台的市场势力带来什么影响？数据资源是否天然具有排他性？数据资源能用必要设施教条或理论概念来分析吗？如何预防数字平台滥用数据优势？应如何应对和惩处数据支撑型滥用行为？等等。无论是德国的第十版《反垄断法》，还是中国的新版《反垄断法》和《国务院反垄断委员会关于平台经济领域的反垄断指南》，都或多或少对上述的部分问题作出了不同程度的回应。其他国家和地区也在结合自身情况推动类似的工作。对于涉及数据的反垄断执法司法而言，主要关注点目前有如数据驱动型并购、封锁数据原料（和拒绝数据开放）、凭借数据滥用市场支配地位（如大数据杀熟）等。后一类问题便牵涉平台的必要设施理论的适用性探索。防范数据垄断和实现数据效率是竞争政策立法司法执法的一个重点任务和方向。

三 数据特性对数据竞争和经济福利分析的影响初探

（一）数据多维性对竞争和福利分析的影响

1. 数据采集优势可能被其他特征所强化或抑制

大数据常用规模体量、多样性、价值颗粒度及变化等维度进行界定，也就是说所界定的大数据带有多维性特征。这一多维性特征意味着，数据资源（大数据）的质量和价值，不仅取决于数据规模体量，还取决于数据真实性、多样性和速率等其他界定性特征。一句话，由于大数据的多维特性，数据的规模、范围和速度经济效应受到大数据界定性特征中的某个或某几个的影响，进而影响到数据采集和分析处理环节中经济行为的激励动机。而这又导致一旦大数据的某个特征维度表征了很高的进入壁垒和彰显出了较强的竞争优势，另一个（或一些）特征维度可能就显得更重要，甚至可能抑制（或抵消）前一特征引致的竞争优势。比如，在历史数据不易获取而即时可获取的即期数据规模体量和多样性又不足的特定情形下，数据的真实性或多样性重要性就得以凸显，特别是这样的特征维度帮助提升了基于较少数据样本而得的预测结果的确定性水准。在这种情形下，当事企业也会投入更多资源去挖掘、开发和使用更好的数据分析工具，而非一味地做大数据规模而不开发利用。因而，分析和理解数据市场进入壁垒带来的潜在竞争影响时，必须全面而深入地探索让大数据各特征维度相关结论落地实现的可能具有的各种潜在路径。对这个要点或事实的忽略，很可能意味着对动态效率，如研发创新等的潜在影响的忽视。

2. 数据渠道间的协调合作不总容易

数据多维性带来的另一影响是，来自不同来源或渠道的各数据集之间能形成一个重要的协调合作效应（Grunes and Stucke, 2015）。数据进入壁垒的存在，虽然通常不能规避同一企业内部的不同数据之间形成协同合作（Synergies），但还是会阻碍不同数据所有者之间的协调合作与共享，尤其会限制数据跨平台的可携带。依据数据协调合作在数据决策质量中重要性的不同，进入壁垒引致的协同失败可能损害经济福利。从技术角度来看，协同合作现象通常更容易发生在非竞争性且易复制的数据集之间。但在现实中，要真正实现由不同利益主体所掌控的数据集之间的协作共享，需同时攻克两大障碍（Gal，2012）。首先，信息障碍（Informational Obstacle），即相关当事人会因相关信息的缺乏而无法切实意识到协同合作的可能，或潜在的协同合作潜力。其次，动机障碍（Motivation Obstacle），即相关当事人可能毫无动力投入资源进行数据集间的协同合作。前一障碍导致能力缺乏，需要依靠信息经济学（Information Economics）的有益指引。后一障碍则导致动力缺乏，需借助机制设计（Mechanism Design）或激励理论（Incentive Theory）中的相关思想。同时攻克两大障碍，需要将这两种理论相融合，也就是说需要当前最前沿的信息设计（Information Design）理论发展的加持。

如前所述，数据协作共享可能遭遇来自信息能力和经济动力方面的障碍。即便用户数据普遍容易获取，每个数据所有者根据各自偏好对待和处理数据的做法，也会给数据协作共享带来一定的不便。更要紧的是，动机障碍还可能受到数据价值链各环节中存在的技术性、法律性或行为性壁垒的影响。这就引出一个重要的政策关注：如何设计出一个监管数据流转的规则制度，以及如何评估数据驱动型并购行为，才能营造形成社会合意的数据协同共享环境。事实上，阻碍数据协作共享的障碍会带来一个反公地悲剧（Tragedy of the Anti-commons）：由多个个体（个人或组织）共同拥有的产品/服务，最终会出现供给或使用不足（Heller，2008）。反公地悲剧现象源于专利领域，用于描述产权分散的专利因在所有产权持有者之间进行协调往往会失败而导致社会福利损失（Heller and Eisenberg，1998；Heller，2008）。对于不易流转的许多数据资源而言，反公地悲剧问题同样存在。也就是说，非竞争性的数据资源往往供应或使用不足，进而使消费者和整个社会承担相应的经济损失（Heller，2008）。因为，即便数据所有者能分享各自的数据集，也激励这样做，但仍可能面临许多显性或隐性壁垒致使数据协同依然被阻碍。在评估数据驱动型市场势力时，应当综合考虑到数据协调合作效应这一点。

3. 数据价值因人和场景而异

用户数据使既定数据集对于不同人的价值性不同，并且在不同应用场景下也不同。即便这些用户在完全无关的市场场景中也是如此。这一点又因数据科学的不断发展而得到进一步强化。数据科学的发展，促使深度学习型算法规则不断进化，而这类算法无须通过不断喂食数据养料进行先期引导，就能揭示出数据集中的相关性，帮助数据分析师披露隐藏在复杂数据背后的相关性规律。

从上述三点可知，数据资源的多维性对竞争和福利分析带来多方面影响，而综合性或净影响仍不得而知。或许需要结合具体数据类型和应用场景，进行个案分析才有可能对净影响进行定性。

（二）数据提升个性化服务和定价能力

1. 个性化服务和定价

数据影响竞争分析的另一个视角，是聚焦于数据资源提升数字平台对下游消费者进行定价个性化（Individualized Pricing）和服务私人定制（Customization）的能力。在传统的单边供给市场，针对客户个体做到个性化定制所需的条件非常高，需付出的成本异常高，有时甚至根本不具备可行性。在互联网数字市场，往往能依据在线购物者的历史购买数据信息进行一对一的产品推荐、依据搜索用户的历史搜索数据信息进行一对一的搜索结果呈现和广告展示，或者依据网络冲浪者的历史浏览数据信息进行相应的定向广告（内容）推送等。对于网络百科全书（如 Wikipedia、百度百科）和在线音频视频服务（如 QQ 音乐、Youtube 以及国内"爱优腾"① 三大长视频平台）等数字内容平台的个性化定制服务而言，数字用户还能为一个词条、音视频等互联网内容产品的生产提供个性鲜明的细节要素。对于今日头条、抖音、快手等算法推荐型短视频内容平台而言，在线用户也能为每一个视频、新闻资讯等内容的推荐提供个性化要素。形式各样的私人定制服务便利了网民和潜在机会间的实时高效匹配。随着大数据、云计算和人工智能等新式数字技术的日益成熟和广泛运用，互联网科技企业、电信运营商等现代网络型数字企业总能获得、处理和使用用户的海量数据信息，实现广告投放的精准化和服务内容个性化。

在互联网数字经济领域，对海量的用户数据进行深度挖掘和开发利用，不仅有望显著提升私人定制式匹配能力，还有可能显著提升互联网数字平台凭借用户特征或历史行为数据进行个性化定价（Personalised Pricing）的能力，借助算法规则实施基于历史行为的价格歧视（Behaviour-based Price Discrimination）（Fudenberg and Villas-Boas，2007）。新式信息技术变革，使现代企业对消费者（对特定服务产品的）支付意愿类型的甄别更细致、更精准，让原来在现实中不太可能实现的完全价格歧视，成为可能甚至成为现实。根据消费者的实时价值（支付意愿）评估进行动态的和差别的定价（Acquisti and Varian，2005）。差别定价既可以是纵向的（动态化定价），也可以是横向的。纵向差别化（动态化）定价的具体体现是，通过延期或提前发布来差别化同

---

① "爱优腾"，通常指国内爱奇艺、优酷视频、腾讯视频三大长视频平台。

一信息产品的不同版本。横向差别定价的一种形式是以版本划分（第二价格歧视），揭示各类型消费者对信息产品的估值和愿意支付的价格，即针对市场不同子群体推出不同版本产品，以供消费者自主选择适合自己的类型，并支付水平不一的价格：支付意愿高的消费者可以选择"价高—品级高"的商品组合，支付意愿低的消费者可以选择"价低—品级低"的商品组合。科技企业还能针对不同群体的消费者采用群体定价（第三价格歧视），更是能基于购买历史、搜索和捆绑等进行价格歧视（Varian，et al.，2013）。特别是，借助算法规则实施完美价格歧视（第一价格歧视），根据用户（消费者）的支付意愿情况对高度个性化产品以高度个性化的价格出售，向每个消费者索取能达到的最高价，获取所有消费者剩余和消除无谓损失，实现自身利益最大化（OECD，2017）。一旦数据资源揭示出消费者偏好、口味等特征信息，就能据此对消费者进行不同的价格索取。特别是，数据掌控者往往能透露不同数据偏好需求的数据购买者，依据各自的需求弹性进行不同的价格索取。当然，对于数据价值链中的采集、存储、分析和使用等不同环节，价格歧视效应不尽相同。

更重要的是，数据驱动型市场中的个性化定价能力可能引起竞争执法司法机构的竞争顾虑（Assad，et al.，2021）。这衍生出两个无法避免的学理问题：①个性化定价行为提升消费者福利（抑或社会整体福利），还是仅仅（或主要）惠及了数据掌控者？②数据驱动型市场中的竞争条件如何影响消费者产品市场的个性化定价行为？

对于前一个问题，个性化算法定价对消费者福利的影响可正可负，具体取决于特定的市场场景及其相应的权衡。特别地，价格歧视对消费者福利的影响取决于目标市场的竞争程度。因而，寡头企业的价格歧视行为对消费者福利的影响方式，未必同垄断企业一样（Pitruzzella，2017）。如果相当部分的消费者都因其他少部分消费者支付的高价而获得一个低价，这种定价行为对消费者群体的总体福利影响很可能为正。这种情形可能出现在竞争有效的市场。换言之，价格歧视行为的背后几乎都同时牵涉获利者和受损者，竞争执法者关注的焦点应是，价格歧视行为引致受损者损失的利益超过获利者得到的利益的情形。比如，可以关注在线零售服务平台使用数据信息通过价格优惠定位和锁定一群高价格敏感性的消费者。向一小部分价格敏感的消费者提供折扣优惠的能力，可能本身就意味着，企业能够向另外大多数价格敏感度相对不高的消费者提高价格。这可能使消费者群体支付的总体水平提高。

对于此，执法者需重点关注三个要点：①价格歧视可能以独家或排他的方式呈现。比如，如果在位企业所提供的价格折扣只是为了制止消费者转向一个新进入者，或迫使某个竞争对手退出市场，则很可能总体上使在位企业能向消费者提高价格。②即便价格歧视给消费者带来的总体影响为正，还可能要考虑因价格歧视而利益受损的那部分消费者是否相当脆弱。消费者的脆弱性可以表现为两个方面：由个人能力（识字率不高、工作技能缺乏或不够熟练、个人收入低等）决定的个人脆弱性（或者漏洞）（Individual Vulnerability），由产品服务的性质或销售方式决定的情景或交易脆弱性（Situational or Transactional Vulnerability）。对消费者脆弱性的考量，有助于确保社会公平性。③愈加值得关注的是这样一种潜在可能：价格歧视行为以损害在线市场信任度的方式损害消费者福利。消费者降低对在线市场的信任，就可能缩减数字消费量，或者不愿意消费新的在线产品服务。这迟早会对在线业务的增长带来不利影响。这种影响在个性化行为以不透明也难理解的方式推行时更可能出现（OFT，2014）。

对于后一个问题，很大程度上要取决于由数字数据资源驱动的相应服务产品的市场结构状况。在数据使用环节处于领先地位的数据使用者，可能采用第一价格歧视完全榨取目标群体的经济福利。也就是说，只要个性化定价是基于消费者的偏好、口味等信息，而不是基于相关服务产品的质量信息作出，数据掌控优势者就能榨取消费者剩余的个性化定价行为，从而明显降低消费者福利。根据价格歧视经典理论，此举带来的社会福利效果则不清晰，需要个案分析。

2. 简要评论

显然，数据特性对数字市场的竞争和福利分析的影响很复杂。在此，还有必要继续关注该议题，给出以下几点简要评论。

第一，在数据价值链的数据使用环节引入竞争机制未必有效。强制要求同一数据集被多个主体使用进而引入竞争的做法，不必然提升整个社会的福利水平，垄断性市场失灵现象可能依旧存在。具体结果取决于消费者行为和最终的竞争均衡结果。在现实中，在线消费者往往不知道其他使用数据资源开拓相同或类似的产品服务的竞争性企业，或者消费者普遍呈现行为偏误或惰性。考虑到此点，多个主体能同时获取和使用同一数据信息的事实，不必然会降低价格歧视问题。只有当大多数数字消费者既知晓提供同类产品的其他竞争性厂家，也不会表现出明显的行为偏误或惰性迹象，且消费者也大多喜欢"货比三家"（如借助购物比价软件等工具手段实现），数字产品提供商才会被迫提供更好的交易条件（如产品价格、便利性、安全性等）。这反过来又降低了数字企业使用个性化定价的行为动机,或者弱化了使用个性化定价带来的影响效果。从这种意义上说,有助于数字消费者搜寻到更佳的交易条件的搜索算法规则(如比价应用程序),发挥着制衡个性化定价行为实施的重要作用。显然,在分析研究搜索算法领域进入壁垒的竞争寓意和福利后果时,应当认真考虑这种制约影响。其实,数据驱动型市场中的数据进入壁垒,不必然影响消费者福利。探索分析数据进入壁垒对消费者的具体影响效果,最终要落脚到探索分析数据信息对最终产品/服务的价格和质量等方面的影响效果上(OFT,2014)。

第二,个性化定价行为在数据信息采集、分析处理和数据产品定价与推广的过程中都需要遵守特定的法律法规。在此过程中可能涉及的法律法规包括:规范合同条款和网址使用的规制政策,规范用户信息采集技术使用的隐私规则,限制个人数据信息采集使用的数据保护法律,禁止基于特定特征实施歧视的平等法规,有关广告和价格表述规范的法律规则等(OFT,2014;OECD,2018)。近年来,中国针对互联网服务、数字内容乃至智能算法的一系列监管政策就体现了此点。

第三,数字数据资源的普及使用,还可能影响经济福利范畴之外的机会公平、自由民主乃至共同富裕等非经济性议题。由于大数据方方面面的特征,在讨论数据资源相关的进入壁垒搭建或消除时,需要多层次地平衡和兼顾反竞争效应、研发创新激发与知识产权保护、网络信息安全与隐私保护以及公共品乃至数字必要设施保障等多方考量。社会协作治理、社会价值观和道德弘扬乃至民主政治等也应有所考虑。

四 数据竞争效应分析之复杂化

(一)数据反垄断审查复杂化探源

当前的数字经济社会时代呈现多变性、高不确定性等特征,人们对其的认识和理解稍显不足和滞后,特别是对数字数据资源及其背后的机理机制与影响的认识相对有限。同时,基于工业经济情景所总结提炼而成的现有反垄断理论工具储备应对互联网数字经济中出现的新现象和新问题比较吃力。特别是,在涉及数据资源的反垄断审查过程中面临重重困难,相应的反竞争效应分析异常复杂。对此存在许多具体诱因,其中以下几点值得特别关注。

1. 数据资源的存在使对涉案行为的审视更易出错

首要诱因是,在互联网数字平台领域,用户数据信息(和算法规则)的格外重要性，促使形式上的纵向经济行为带有横向的意味（Hovenkamp，2018）。数据信息宛如流淌在数字应用程序中的"血液"，也是整个数字应用程序生态系统中的"血液"，使不同应用程序更好地协同合作。在算法规则的加持下，特定平台的实时定价信息能被时刻洞悉；各平台对平台内用户实施的某些行为策略很容易影响到其他同类平台。一个典型表现是，轴辐协议既是纵向的也是横向的：在此类协议下，轴与每个辐间的协议是纵向的，而各个辐又通过迎合轴的协议条款形成横向协议（Hovenkamp，2018）。Uber 垄断司法案件中，Uber 软件平台就被指控在协同平台内与司机进行合谋性定价，宛如一个轴联合多个辐。显然，根据经典的产业组织与反垄断经济学理论可知，横向行为（如横向并购）具有反竞争性的可能性要远高于纵向经济行为（如纵向并购）。数据和算法让数字企业的某些行为性质和关系不明晰，难以简单类比工业经济时代下的典型行为分析套路，进而让原本就复杂的竞争分析更加复杂化，极大挑战着新时代下反垄断司法执法工作的准确性和及时性（Manne and Wright，2011）。

2. 数据驱动型市场的规模经济助长竞争抑制的惯常性认识未必成立

表征数据反垄断复杂性的另一重要体现是，这样一个直观又普遍的论断在数字时代新时期未必成立：数据驱动型市场普遍呈现供给侧规模经济和网络效应的联合作用，即数据资源+市场多边性，无形中建造起一个难以逾越的进入壁垒，导致赢者通吃式的极化结局（Stucke and Grunes，2015；2016）。这一论断常出现在许多法学背景研究者和执法人员之中。该论断主要基于这样一个逻辑：中小竞争对手和挑战者，由于缺乏可与领先的在位平台匹敌的用户数和数据体量，无法推出同等甚至更高质的数字服务和吸引到同等甚至更多的用户资源，无法向在位平台施加有效且有力的竞争压力。这使在位平台缺乏足够的竞争约束而不够努力"奋进"，甚至总想着"作恶"。

为了大致理解"数据资源+市场多边性"是如何让互联网反垄断审查复杂化的，在此对 Google 运营业务做个简要分析。如果 Google 使用搜索数据助力谷歌地图业务发展，让 Google 地图更精准，同时，也因免费提供地图服务而无形中排挤了传统地图供应商。市场双边性有助于解释这样一种可能性的存在：零货币价格行为是出于纯粹的利润最大化的考量，而不是试图借此掠夺传统地图供应商进而迫使其退出地图市场。因而，Google 地图精准化且免费提供，对地图使用者毫无坏处，似乎不存在效率损失的问题。当然，从动态角度来看，在一定条件下，确实完全有可能损害搜索用户或在线地图用户。前提条件便是，Google 的这种行为会降低搜索市场的算法研发或者在线地图

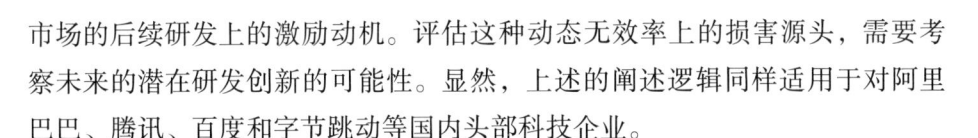

市场的后续研发上的激励动机。评估这种动态无效率上的损害源头，需要考察未来的潜在研发创新的可能性。显然，上述的阐述逻辑同样适用于对阿里巴巴、腾讯、百度和字节跳动等国内头部科技企业。

3. 过分掺杂数据安全隐私考量

在数据竞争问题中有时还会牵涉数据安全和隐私保护问题，特别是数据信息隐私被某些人视为数字企业进行数据竞争的一个重要方面。这一点在欧洲许多国家尤其盛行。

一个典型案件是2020年的德国诉Facebook滥用数据案。2016年3月德国联邦竞争执法机构卡特尔局指出，由于Facebook在社交网络市场的强大支配地位使社交用户实际上无法转向其他社交网络，Facebook要求用户要么接受其全部服务协议与隐私政策、要么不使用其社交网络服务的做法，实际上并非欧盟GDPR规定的"知情—同意"原则，而是属于德国《反限制竞争法》规定的滥用支配地位实施的剥削性滥用行为范畴。于是，2019年2月联邦卡特尔局要求，Facebook对其内部数据处理活动进行剥离，并在一年内完成整改：修改隐私政策，并据此调整相关数据处理活动，确保在取得用户"知情和同意"的基础上方可将其旗下平台以及关联的第三方网站、App的用户数据整合至用户Facebook账号中并处理使用。"知情—同意"要求，意味着社交用户正常使用Facebook产品的权利不会因拒绝同意授权而受影响；Facebook一旦未得到用户授权，其数据处理活动将在数量、内容和目的等诸多方面受到严格限制。Facebook随即起诉至德国杜塞尔多夫高等法院，寻求暂缓执行相关命令的临时救济。此诉求当时获得杜塞尔多夫高等法院的支持。随后卡特尔局又上诉至德国最高法院。2020年6月德国最高法院认定，Facebook将旗下所有应用平台的用户数据以及与其关联的第三方网站、App的用户数据合并处理的做法，构成了滥用市场支配地位行为，同意原告卡特尔局实施对Facebook数据处理相关行为的禁令，但并未就Facebook的服务条款是否符合欧盟GDPR这一问题进行判定。最高院的判决只针对临时救济，案件本身仍有待杜塞尔多夫高等法院作出正式判决。2021年3月底杜塞尔多夫高等法院召开听证会，并宣告对于Facebook的用户数据采集和处理行为是否违反欧盟GDPR并构成滥用市场支配地位，将寻求欧洲法院对相关欧盟法律作出解释后作出最终裁决。该案例很好地彰显出数据安全隐私是否在反垄断制度适用的范畴还存在异议，更重要的是，在数据竞争效应分析时新增考量数据安全隐私诉求将极大提升问题的复杂度。

（二）数据驱动型规模经济未必阻碍竞争的原因初探和案例分析

1. 数据驱动型规模经济阻碍竞争的论断缺乏证据支持

有关数据驱动型规模经济阻碍数字市场竞争秩序的论断不总成立的最重要原因是，这种观点缺乏现实证据的有力支持。无论是对诸多相关案例和执法机构行为的通盘回顾，还是对相关案例，如 Google 并购 DoubleClick 案、Google 并购 ITA 案和 Facebook 并购 WhatsApp 案等，以及执法机构庭外调解经历的剖析，都未能找到有关用户数据构成一个进入壁垒的明确有力的支持证据。竞争执法机构和司法审判机构（法院）只是怀疑，在无法从消费者身上或交易市场上获得数据信息销售的过程中，可能出现由数据诱导的进入壁垒问题。其实，对于能借助新一代信息技术从消费者身上采集到的数据信息而言，也能得到同样的判断。显然，执法司法机构的怀疑归根结底还是一种可能性，不具有确定性和唯一性。

相反地，数据驱动型市场的规模经济不必然阻碍竞争秩序的认识，不乏有力证据的支持。

第一个相关案例是 Google 并购 DoubleClick 案。2007 年美国联邦贸易委员会（FTC）和欧盟委员会（EC）都无条件批准两大搜索广告巨头 Google 和 DoubleClick 的横向并购申请。两家执法机构的判定依据都是，Google 和 DoubleClick 虽然都掌握着有关用户搜索和浏览记录信息的海量数据，但是由于在数字广告和搜索服务两个市场上双方都不是紧密的（直接或间接）竞争对手，Google 通过并购 DoubleClick 的方式在数字广告市场获得海量的用户数据的行为本身，不构成一个显然的进入壁垒。FTC 和 EC 都认为，即便交易后 Google 能使用 DoubleClick 原来的用户数据去"精准化"广告业务，实现数据规模经济，但这些数据并不是一个数字广告服务通往成功之路所不可或缺的要素。更何况，其他竞争对手也能从其他渠道取得类似的数据，或者说从信息等价性角度而言获得其他可替代的数据。综上，并购引致的数据聚合虽然会形成一定的规模经济效应，但不致显著阻碍竞争秩序。

第二个相关案例是 Google 并购 ITA Software 案。美国司法部（DOJ）在 2011 年附条件批准 Google 收购在线电子定价、航班信息软件和购物平台 ITA Software 公司。DOJ 当时给出的分析逻辑是，由于 ITA 拥有的基础数据是 Expedia、Travelocity、Bing Travel、Kayak、Farelogix 和 Orbitz 等旅行类网站和搜索平台开展相关业务的一个生产因素，涉案的数据资源的获取问题是一个潜在的纵向限制行为。核心问题是，Google 是否有能力和动力实施数据驱动型排他性行为，排斥那些旅行类搜索平台。具体而言，并购后 Google 是否有能力和动力去恶化或提升这些旅行类搜索平台使用基础数据的经济成本。批准并购交易的附加条件主要包括：①Google 保证继续以公平、合理又非歧视的（FRAND）的交易条件向其他相关公司授权 ITA 系统数据访问，且不使用 ITA 系统内的数据进行盈利运作。②Google 不得与航空公司签署协议，以不适当地限制航空公司与 Google 的竞争对手共享座位和订购类别信息的权利。③要求 Google 自主建立一个防火墙，防止 Google 自己接触竞争对手在 ITA 服务器上运行的专有软件等。该案中数据汇集本身不被视为违法，基于数据实施排他性行为可能涉嫌违法。

第三个相关案例是 Facebook 并购 WhatsApp 案。FTC 和 EC 在 2014 年批准 Facebook 收购基于网页的通信应用软件 WhatsApp。对于北美辖区，其间多个消费者群体向 FTC 提出申诉，这起并购不仅会巩固和提升 Facebook 获取用户数据的能力，还会提升其借助数字广告进行数据货币化的能力，且违背了 WhatsApp 事先的承诺。FTC 在两个月的审查过后就无条件批准并购申请，同时着重申明数据安全隐私问题不属于数据竞争范畴，而是属于消费者保护法规范的范畴，并向消费者保护局主任发信提醒，今后要在安全隐私法律框架下持续关注该起并购后的隐私保护问题。对于欧盟辖区，EC 无条件批准并购申请，并在审查此案的过程中引入了一个有关大数据产业排他性行为的分析框架。EC 当时指出，虽然在通信市场领域网络效应有时确实会引起进入壁垒，但是这宗并购交易不可能提高进入壁垒。这一论断的主要依据有两点。①用户多归属性和转换成本极低：网络用户能同时使用多款功能类似的 App 客户端，而且能轻易地切换使用其他 App 客户端；②数据可替代性：除 Facebook 外，欧盟社交网络市场领域当前还存在包括 Google、Apple、Amazon、Ebay、Microsoft、AOL、Yahoo、Twitter、IAC、LinkedIn、Adobe 和 Yelp 等众多品牌在内的强大市场参与者，都能采集和使用用户数据信息（Tucker and Wellford，2014）。EC 直接认识到，对于像社交网络之类的变化快速的在线市场，网络效应因素直接表征着进入壁垒的理论推断，事实上缺乏现实依据的支撑。除 Facebook 并购 WhatsApp 案（2014 年），FTC 2011—2012 年对 Google 的调查，虽然也关注到了用户数据在互联网竞争中的极端重要性，但发现 Google 搜索服务业务，包括组合型搜索和广告业务总体上并不如大家所认为的那样富有反竞争性，最终以 Google 承诺做出相应调整而和解告终。

尽管上述多个案件侧重点稍有区别，但无不直接或间接显示出仅数据驱动的网络效应（规模经济）无法表征对竞争秩序的充足抑制，所谓垄断性数据市场失灵未必真失灵。判断数据规模经济是否阻碍竞争自由，需结合涉案行业特性，考察数据的可触达性、可替代性和可携带性等其他特性和因素。

2. 数据特性内在地抵抗数据驱动型规模经济效应

供给侧和需求侧规模经济不总阻碍竞争秩序的另一重要原因是，大数据内在的经济特征具有抑制效应和对抗作用（Lerner，2014）。这一点先前被忽视了。在数据智能时代，虽然在线运营商做大用户规模的一大法宝是基于对用户数据资源的开发利用，但有时也能采取一个无关数据资源的方式来实现。因为，有时单单数据本身不足以提高服务质量、提升用户体验和做大用户规模，还需结合其他宝贵资源、条件和能力。同时，运营商的数据来源不局限于消费者，也能从数据经纪机构获得，还能通过策略性配置安排等其他手段获取。鉴于大数据的典型特性，数据资源在网络效应和规模/范围经济效应的联合推动下阻挠竞争秩序背后的机制机理被高估了。这一点在相关案件中可窥探一二。比如，2008 年在 Microsoft 并购 Yahoo 搜索业务案中，Microsoft 在 2010 年就搜索结果和广告业务与 Yahoo 进行的战略合作得到 EC 的认可。其背后的逻辑是，被并购主体 Yahoo 通过研发和接入一个更大索引（这里是指Bing），能提供个性化搜索结果，以更好地迎合搜索用户的偏好。虽然一般认为数据驱动型并购借助协同效应促进了协调互动和削弱了竞争，但也有可能引起更激烈的竞争。至于数据资源的使用是提升还是降低了竞争者间的协调互动，还要结合具体情境进行个案分析。具体情境引导着协调效应分析，而无关于协调行为是否因数据或算法规则而被加强。

总之，涉及数据资源的反垄断审查案件，与其他普通案件一样，都面临着诸多难题，甚至面临着更多样、更复杂的难题。至于在实际执法过程中哪些难题根本性地影响案件定性，还要根据具体案件的特性和竞争分析性质来做个案分析。有时或许与案件是否涉及数据毫无关联。

退一步而言，相关竞争案件定性还跟数据驱动的网络效应的强度有关。尽管数据驱动的网络效应强度在某些数字市场极化过程中扮演重要甚至关键性角色，但这个强度依据平台数据类型而不同。比如，对于共享单车租赁服务①和智能交通出行平台，如滴滴出行等网约车平台而言，数据驱动型网络效应仅限于特定城市或城区用户（乘客或司机），呈现明显的局部性。即便这类出行平台可能适用于平台内所有地理位置上的用户的组织架构，但网络效应还是取决于城市内的车辆局部供应和乘客资源。智能交通出行平台在城市 A

---

① 严格而言，共享单车服务供应商提供的只是单车租赁服务，而非撮合匹配服务。或者说，这并非平台模式，而是传统管道模式获得数字技术的加持而已。在此没有必要作这样的区分。

开展交通出行的匹配服务未必对城市 B 里的乘客有明显帮助，除非两个城市之间存在经常性通勤。这意味着乘客群体和司机群体都是特定城市或城区专属的。这就使小型的地区性出行平台更容易在本地区智能出行匹配服务市场与全国性平台进行有力竞争。不同的是，酒店预订平台是全域性的。因为，出行用户可能搜索许多潜在前往的城市里的酒店资源，而酒旅平台应确保广地域的多样化酒店供应。也就是说，出行用户和平台都是基于全域通盘考虑进行决策的。这就使酒店预订平台之间的竞争更加困难，小型的酒店预订平台无论在本地区域市场还是在全局市场都难以有效地挑战大型酒店预订平台。在位的大型平台往往有动力采取各种方式增加用户多归属或转移其他同类平台的经济成本，以锁定各类用户资源，达到把控市场领先地位的目的，使整个平台市场集中到极少数商家手里。司机原先能毫不费力地在不同出行平台之间切换，但后来各大出行平台为了锁定司机资源而向他们提供不容中断的接客服务序列，在当前订单未完成前就提示派送下一订单，将司机锚定在本平台上。也有出行平台采用同运载服务质量、服务年限和单数等挂钩的司机评级机制，在确保运乘服务质量的同时，也起到锁定司机资源的目的。数据驱动型网络效应强度因平台数据类型而异，但是也会内生于平台行为。

更何况，平台运营商从数字数据中能谋取的价值大小还取决于许多影响因素（Hagiu and Wright, 2020）。具体地，一方面，数据引致的平台匹配效率和从数据中提取信息洞察方面的质量改善，往往受制于数据规模经济效应，而这又跟具体情景有关。比如，Google 地图、百度地图、腾讯地图和高德地图等数字地图应用，在交通导航和路况预测上的准确性，都随着地图平台采集的相关且实时的出行数据规模而递增。因而，这类软件平台的服务质量受制于数据驱动的网络效应。更重要的是，有时只需要部分地观察和挖掘相关数据资源，或者只需要观察和挖掘部分相关的数据资源，就足以得出足够准确的预测结果。但是在其他更多的情况下，预测结果严重依赖数据资源的不断喂养，数据规模报酬仍呈现递增态势，距离数据规模报酬递减的拐点还较远。比如，即便 Google Waymo 和百度阿波罗等自动驾驶领先品牌积累了上百万千米里程的驾驶数据，但是智能驾驶算法距离完美还很远，甚至在接管里程 MPI[①]（Miles per Intervention）方面远不如人类司机。另一方面，从数据资

---

① MPI 指标是指自动驾驶平均每次被人类接管的行驶里程间隔（如不接管就会出事故）。根据 Google Waymo 数据显示，2018 年接管一次所需的里程是 1.1 万英里（1 英里 ≈ 1.61 千米），2019 年、2020 年和 2021 年分别是 1.3 万英里、2.9 万英里和 0.8 万英里。而美国司机数据是，每 25 万英里车险公司出一次险，50 万英里出一次警，150 万英里出一次致伤事故，9400 万英里出一次致命事故。

源中挖掘到的信息洞察能带来的价值大小，严重依赖特定数字市场。对于严重依赖人工智能的应用程序而言更是如此。从数据信息外部性中获得的、能外推至广阔用户群体的新洞察往往具有很高的经济价值，但未必总是如此。比如，对于QQ音乐、网易云音乐和Pandora等数字音频平台而言，基于个人听众的不断积累的历史数据实现的个性化音乐推荐，不容易应用到其他听众身上。又如，无论是在腾讯视频、优酷视频和爱奇艺等长视频平台，还是在抖音、快手、西瓜视频、好看视频和哔哩哔哩等中短视频平台，基于个人受众的不断积累的学习而实行的个性化视频内容推荐，也都不太适合移用于其他受众身上。在数字内容领域几乎都是如此，数据驱动的信息洞察不太具有外延性，呈现较强的专用性。显然，上述分析显示出，数据价值归根结底是情景依赖性的；数据规模经济效应分析乃至数据价值评估，都需要基于平台和数据特性进行个案分析。

此外，很有必要引用国际经合组织工商咨询委员会（Business and Industry Advisory Committee，BIAC）在2012年OECD组织举行的大数据研讨会中提炼的三点认识，来简要总结本节的核心要义。一是由于数据资源给消费者乃至整个社会带来许多潜在裨益，数据资源未必会系统性地引起经济损害和垄断性市场失灵，不应先入为主地认为需要监管数据集中现象。二是无论网络效应或反馈机制在理论上是否有可能导致特定企业的占优地位，只要未能有力证明存在反竞争的排斥行为，数据集中倾向就不应得到竞争执法机关的格外关切。三是有关数据资源的采集、处理与使用对数据安全隐私等非传统维度的影响，应当从反垄断与竞争政策适用范畴中剥离出来，借助其他相关政策制度进行规范。

五　破解数据集中担忧的潜在思路

针对数据集中引起的垄断性数据市场失灵和竞争忧虑，可以从不同学科背景和维度进行解读和破解。从方法论角度来看，从触达性和价值链两个方面来审视和解读数据集中现象是很好的潜在思路甚至突破口。

（一）从触达性而非产权归属角度审视和破解数据集中

将数据比喻为新的原油资产在某些方面似乎有道理：原始数据和原油都需经过提炼才能变得有用。但是两者间存在重要区别：原油是私人品，原油消费是竞争性的，即某人消费原油资源，理论上而言会使其他人获取的原油量变少。但数据资源是非竞争性的，即某人对特定数据信息的使用不会降低或减少他人对数据的采集和使用。数据的非竞争性意味着其很少像其他传统产品服务那样被买卖交易，而更多的是被授权用于特定目的。从这个角度来说，数据控制引致的相关经济问题的症结，更多的是在数据触达访问上，而不是在数据所有权配置上（Varian, et al., 2018）。因而，真正应该聚焦关注的概念，或许不是适用于私人品的数据所有权（Ownership），而应是数据触达可及性（Data Access）。过度强调数据产权归属，会限制数据的流转共享和再利用，不利于数据潜在价值的创造和实现。同时，有些制度设计的实用性并不一定强，如个人数据可携带性原则让数据主体有权知悉、访问和更正数据控制者所采集的个人数据，也有权将这些数据转移给第三方，但这可能导致数据财产权和人格权的冲突。虽然数据人格权益归属存在较多共识，但是数据财产权益归属争议很大。因而，数据可及性更应是数字时代促进数字市场竞争、发挥数据价值的重要"锚点"（Cremer, et al., 2019）。2022年《中共中央 国务院关于构建数据基础制度更好发挥数据要素作用的意见》（又称《数据二十条》）提出的"三权"分置制度设计正是淡化数据所有权而聚焦数据使用权的典型做法，也是权宜之计。

数据触达可及性凸显数据使用权，或者说秉持可用不可见原则，通过隐私计算等技术实现。相较于当前认识不够清晰和争议较大的数据所有权交易而言，数据使用权的流转交易能形成更充分的数据生产、采集、处理和使用方面的经济激励，促进数据资源市场化交易，充分实现数据要素价值化（龚强等，2022）。在数据使用权制度下，数据触达访问很关键。对数据信息的触达访问是现代经济中一个重要的竞争参数（Cremer, et al., 2019）。宏观来说，提高国家和地区企业的数据可用性和访问权限以促进数据触达访问，也应是欧美中等司法辖区数据治理政策的优先选项。

当前的数字市场动态性，是否表征了数据的触达访问是以一个确保充足竞争的方式进行赋予的？也许未必。也就是说，尽管数据触达访问似乎可能有助于避免上游的垄断性数据采集者排斥下游的服务市场，但是公开数据访问可能适得其反。因为，这样做很可能降低而非增加竞争。在公开数据访问的情况下，大型平台能依靠多个数据渠道，获得数据复用和聚合上的范围经济，从而得以向用户提供额外的资源和能力优势，进而积累更多数据资源。还将就此问题给出更详细的回应。

数据信息资源很少像私人品那样销售，其主要是为特定目的而进行授权许可。急需解答的问题不是谁应拥有自动驾驶等网上冲浪数据，而是谁应该能触达这些数据和能用这些数据做什么。按照此道理，多个主体能同时设置多个数据采集装置,可以同时触达同一批数据信息。强制要求毫无理由地独家掌控数据资源,会无故地限制数据的流通、共享和使用。对于从原始数据中提炼出来的某些二手数据信息,由于聚集了数据处理者的时间精力和专业技能等付出,可能会受到商业秘密和版权等知识产权制度的保护。但是,原始数据本身在现有知识产权制度下无法得到保护。数据提供商仍有动力采集和囤积一些富有交易价值的数据资源,有偿或无偿地将其提供给他人使用,并以私人合同的方式限制数据转售或再授权,以控制数据流动范围(Jones and Tonetti,2020)。

  显然,针对数据访问触达规则的合理设计,使及时向正确的人提供对正确数据的访问权限——数据访问治理成为需要深入研究的一个重要议题。随着时间的演变,数据触达访问过程中面临的主要挑战也在变化。在数字平台普及前,普遍遭遇"数据孤岛/群岛"、数据规模有限、数据分析技术能力不足以及跨部门沟通合作缺乏等挑战,而数字平台的普及过程中,又开始面临数据访问权限管理复杂、数据安全隐私合规监管共识缺乏等问题。借助应用程序或自助服务门户(通过数据仓库或数据湖)访问数据的传统技术思路,无法良好地满足临时访问数据的需求,也较难在数字时代有力地保护数据安全隐私。通过数据治理监管策略进行自动化数据访问管理的现代方法,使组织能通过完整的方法解决最持久的数据访问管理挑战。数据访问治理现代化的过程主要是,构建一个数据目录,将数据分类为不同组别,根据分类设计访问策略,并针对驻留在分类参数外的请求使用临时工程流,通过在数据层自动应用的策略管理访问请求。显然,现代数据访问思路拓展了传统方法,以实现自动化、可发现性和简化的临时工作流程。

(二)从数据价值链角度审视数据在采集和使用环节的集中问题

  如果说从可触达性而非权属角度审视数据集中(Data Concentration)甚至数据垄断(Data Monopolization/Data-opolies)是第一要义,那么可以说从整个数据产业价值链角度来解读数据垄断是第二要义。在数据采集、存储、分析处理和使用环节处于领先或优势地位,影响甚至掌控了数据触达性。狭义的理解仅仅是指数据采集阶段处于领先或优势地位。其实,数据垄断化是体现数据多用途性的集中多样性(Concentric Diversification)。集中多样性概念换用现代经济学术语表述,就是数据规模、范围和速度经济。一般谈到的数据集中或垄断议题中的数据,通常指的是企业商业数据。

  商业数据在采集和使用环节呈现集中化趋势引致的竞争抑制影响,需要站在数据生命周期或数据价值链角度进行思考,而不能拘泥于数据采集和使用某单一环节。数据多维性使对数据竞争和福利的分析深受数据生命周期其他环节的影响,如数据采集优势可能被其他特征所强化或抑制。数据采集和使用上的优势要转化为竞争优势,还需要许多其他因素的加持,甚至这些其他因素或许更重要。这意味着单从数据采集或使用环节审视数据集中,会忽视整个数据生命周期各环节间的复杂关联性,导致很容易作出错误判断和提出错误的反垄断建议。

六　总　结

本文从法律经济学角度梳理和探讨了数据智能时代下数据集中引致的垄断性数据市场失灵及反垄断寓意。缺乏同等数据采集渠道、阻挠对手采集同等或更优质数据资源的能力以及竞争分析时忽视进入壁垒考察等,可能使数据集中潜在地诱使市场势力和构建进入壁垒。理论上,数据信息对市场透明度的显著提升惠及市场供给和需求两端,同时数据优势也可能被用于算法歧视和合谋等,阻碍竞争自由。分析数据竞争及其福利影响时需结合数据的内在特性,对数据垄断的泛泛而谈毫无意义。数据多维性彰显出数据质量和价值有关数据的体量、真实性、多样性等,而这也使数据采集环节的优势可能被其他维度的特征所强化或抑制。同时,不同来源的数据之间可能形成协调合作效应,数据价值因人和场景而异。用户数据提升个性化服务和定价能力,但其对消费者福利和竞争的影响还需个案分析。强调用户数据的重要性使形式上的纵向行为(如轴辐协议)带有横向意味。数据驱动型市场搭建起的进入壁垒常导致极化结果的论断缺乏证据支持,也面临数据内在特征的抑制。数据竞争中常牵涉数据安全隐私诉求等。这些都使涉及数据的反垄断审查工作异常复杂,在实际中需结合特定案件特性才能定性。数据集中问题是指数据触达或可及性而非产权上的垄断,要从数据产业价值链条角度来审视和破解,而不能拘泥于数据采集和使用这两个孤立的环节。事物皆有其两面性,大数据亦然。数字企业既可能采用数据驱动策略提升运作效率,也可能借数据驱动策略获得、维持或强化不公平、不合理的竞争优势,阻碍有效竞争,抑制研发创新。要评判数据集中的竞争效应和作出反垄断应然抉择,需全方位洞悉和深刻理解平台采集、处理和使用数据的行为方式,以及平台借助数据开展业务活动的竞争性质和方式。本文的研究有利于更准确地认识数据集中和数据市场失灵现象,为涉及数据的互联网反垄断审查提供建设性见解和启示。

参考文献

方燕:《论经济学分析视域下的大数据竞争》,《竞争政策研究》2020 年第 2 期。

龚强等:《数据交易之悖论与突破:不完全契约视角》,《经济研究》2022 年第 7 期。

Acquisti A., Hal. R. Varian, "Conditioning Prices on Purchase History", *Marketing Science*, Vol. 24, No. 3, 2005.

Arrieta Ibarra, et al., "Should We Treat Data as Labor? Moving Beyond 'Free'", *American Economic Association Papers and Proceedings*, Vol. 108, 2018.

Assad S., et al., "Algorithmic Pricing and Competition: Empirical Evidence from the German Retail Gasoline Market", CESifo Working Paper, No. 8521, 2021.

Autorite de la concurrence and Bundeskartellamt, "Competition Law and Data", German, 2016.

Cooper J. C., et al., "Does Price Discrimination Intensify Competition? Implications for Antitrust", *Antitrust Law Journal*, Vol. 72, No. 2, 2005.

Cremer J., et al., *Competition Policy for the Digital Era*, European Commission, 2019.

Economides, N., "Antitrust Issues in Network Industries: An Introduction", In: Kokkoris, I., and Lianos, I. (eds.), *The Reform of EC Competition Law: New Challenges*, Wolters, Kluwer, Ch. 12, 2008.

Economides N., Flyer F., "Compatibility and Market Structure for Network Goods", *Industrial Organization & Regulation eJournal*, Vol. 11, 1997.

Eeckhout J., L. Veldkamp, "Data and Market Power", NBER Working Paper, No. 30022, May 2022.

Economides N., "Competition Policy in Network Industries: An Introduction", In: Jansen, D. W. (ed.), *The New Economy and Beyond: Past, Present and Future*, Edward Elgar, Ch. 5, 2006.

Ezrachi A., M. E. Stucke, "Artificial Intelligence and Collusion: When Computers Inhibit Competition", *University of Illinois Law Review*, Vol. 5, 2017.

Ezrachi A., M. E. Stucke, *Virtual Competition: The Promise and Perils of the Algorithm-Driven Economy*, Cambridge, US: Harvard University Press, 2016.

European Commission, "Final Report on the E-commerce Sector Inquiry", COM

229 final, 2017.

Ezrachi A., M. E. Stucke, "Algorithmic Collusion: Problems and Counter-Measures", OECD Roundtable on Algorithms and Collusion, 2017.

Fudenberg D., J. M. Villas-Boas, "Behavior-Based Price Discrimination and Customer Recognition", In: Hendershott, T. J. (ed.), *Handbook on Economics and Information Systems*, Ch. 7, Elsevier, Emerald Publishing Limited, 2007.

Furman J., et al., *Unlocking Digital Competition*, *Report of the Digital Competition Expert Panel*, H. M. Treasury, London, United Kingdom, 2019.

Gal M. S., "Viral Open Source: Competition vs. Synergy", *Journal of Competition Law and Economics*, Vol. 8, No. 3, 2012.

Gal M. S., N. Elkin-Koren, "Algorithmic Consumers", *Harvard Journal of Law and Technology*, Vol. 30, 2017.

Grunes A. P., M. E. Stucke, "No Mistake about It: The Important Role of Antitrust in the Era of Big Data", *Antitrust Source*, Vol. 2, No. 13, 2015.

Hagiu A., J. Wright, "When Data Creates Competitive Advantage and When it Doesn't", *Harvard Business Review*, Jau. 2020.

Heller M. A., R. S. Eisenberg, "Can Patents Deter Innovation? The Anticommons in Biomedical Research", *Science*, Vol. 280, No. 5364, 1998.

Heller M. A., *The Gridlock Economy: How too Much Ownership Wrecks Markets, Stops Innovation, and Costs Lives*, Basic Books, 2008.

Hovenkamp E. N., *Antitrust Policy for Two-Sided Markets*, Social Science Electronic Publishing, 2018.

Jones C., C. Tonetti, "Nonrivalry and the Economics of Data", *American Economic Review*, Vol. 110, No. 9, 2020.

Kim Jin-Hyuk, et al., "The Impact of Access to Consumer Data on the Competitive Effects of Horizontal Mergers and Exclusive Dealing", *Journal of Economics and Management Strategy*, Vol. 28, No. 3, 2019.

Kuhn T., et al., "Big Data and Data-Related Abuses of Market Power", In: Akman, P., Lamadrid, A., and P. Ibanez Colomo (eds.), *Research Handbook on Abuse of Dominance and Monopolization*, Edward Elgar Publishing, 2022.

Lambrecht A., C. Tucker, "Can Big Data Protect a Firm from Competition?", In:

Aitor Ortiz (ed.), *Internet: Competition and Regulation of Online Platforms*, Competition Policy International, 2015.

Lerner A., "The Role of 'Big Data' in Online Platform Competition", *SSRN Electronic Journal*, August 26. 2014, 2482780.

Maggiolino M., G. Ferrari, "Can Digital Data be Replaced? Data Substitutability is the Key", Competition Policy International (CPI) Antitrust Chronicle, Februrary 2020.

Mahnke R. P., "Big Data as a Barrier to Entry", *CPI Antitrust Chronicles*, 2015.

Manne G. A., B. Sperry, "The Problems and Perils of Bootstrapping Privacy and Data into an Antitrust Framework", *CPI Antitrust Chronicle*, 2015.

Manne G. A., J. D. Wright, "Google and the Limits of Antitrust: The Case Against the Case Against Google", *Harvard Journal of Law and Public Policy*, Vol. 34, No. 1, 2011.

Massimiliano N., M. Guerzoni, "Big Data: Hell or Heaven? Digital Platforms and Market Power in the Data-Driven Economy", *Competition and Change*, Vol. 23, No. 3, 2018.

OECD, *Algorithms and Collusion: Competition Policy in the Digital Age*, 2017.

OECD, *Data-Driven Innovation for Growth and Well-being: Interim Synthesis Report*, 2014.

OECD, *Personalised Pricing in the Digital Era—Note by the United Kingdom*, 2018.

OECD, *Personalised Pricing in the Digital Era—Note by the UK*, 2018.

OFT, *Personalised Pricing Increasing Transparency to Improve Trust*, 2014.

Pitruzzella G., "Big Data and Antitrust Enforcement", *Italian Antitrust Review*, Vol. 1, 2017.

Scott Morton F., et al., "Report: Committee for the Study of Digital Platforms Market Structure and Antitrust Subcommittee", George Stigler, *Center for the Study of the Economy and the State*, University of Chicago Booth School of Business, 2019.

Stucke M. E., A. P. Grunes, "Debunking the Myths over Big Data and Antitrust", *CPI Antitrust Chronical*, 2015.

Stucke M. E., A. P. Grunes, *Big Data and Competition Policy*, Oxford: Oxford University Press, 2016.

U. S. v. Bazaarvoice, Inc., "13-cv-00133-WHO, slip op. (N. D. Cal., Jan. 8, 2014)", https://www.justice.gov/atr/case/us-v-bazaarvoice-inc.

Varian H. R., "Artificial Intelligence, Economics, and Industrial Organization", In: The Economics of AI: An Agenda, Cambridge, MA: National Bureau of Economic Research, 2019.

Varian H. R., "Use and Abuse of Network Effects", Working Paper, No. 3215488, September 2017.

Varian H. R., et al., *The Economics of Information Technology: An Introduction*, Cambridge: Cambridge University Press, 2013.

Varian H., et al., "Baid, Digital Challenges for Competition Policy", NBER Working Paper, September 2018.

基层政府公平竞争审查制度执行的困境与进路优化

——基于苏州市 Y 区的个案研究[*]

李 娜 郭景丽 蒋星伦[**]

摘 要 公平竞争审查制度对于打破行政垄断，强化竞争政策基础地位，推动中国经济转型和深化市场体制改革具有重要意义。探究基层政府公平竞争审查制度执行中存在的困境及破解思路，一方面可以促进政府部门之间取长补短，推动公平竞争审查工作迈向更高的台阶；另一方面可以倡导竞争文化，焕发市场活力，加快构建以国内大循环为主体、国内国际双循环相互促进的新发展格局。苏州市 Y 区作为区县级行政单位，对上承担上级部门布置的各类制度执行要求，对下需要协调各部门共同落实制度，其制度执行中反映出的问题具有普遍性。本文运用访谈、问卷调查、统计分析等方法对苏州市 Y 区公平竞争审查制度执行情况深入调研，从整合理论视角切入，基于"高位推动—层级性—多属性"政策执行模型分析 Y 区政策执行中存在的困境。研究表明，苏州市 Y 区公平竞争审查制度执行主要存在纵向层级施压与监督加重执行负担、部分审查标准缺乏释义与案例指导、联席会议对其他部门的号召力有限等问题。原因主要在于科层体制下政府间缺乏沟通与合作，现有制度内核不利于激发基层执行动力，现行审查标准与现状脱节有待改进；联席会议职能目标单一话语权较低。针对以上问题，本文提出要强化交流减轻执行负担、完善审查标准、丰富案例指导、进一步发挥联席会议的作用等建议，以期为高效推动公平竞争审查制度在地方的落实提

---

[*] 西安市社会科学规划基金重点项目（24FZ71）。

[**] 李娜，西北工业大学公共政策与管理学院教授；郭景丽，西北工业大学公共政策与管理学院硕士研究生；蒋星伦，西北工业大学公共政策与管理学院硕士研究生。

供参考。

关键词 公平竞争审查制度；公共政策执行；基层实践

一 问题提出与文献回顾

（一）问题提出

公平竞争对于优化营商环境、建设高标准全国统一大市场具有重要意义。中国自改革开放以来，始终强调要发挥市场机制在资源配置中的重要作用。随着经济社会的持续发展，中国市场经济体制逐渐成熟，各类市场主体表现活跃，然而地方政府主导产业政策、产权交易市场壁垒、商品和要素市场分割（刘志彪，2021）以及地方保护主义（银温泉，2001）等现象依然存在；市场上制度规则不统一、要素流通不畅通、体系建设不健全等问题进一步凸显，建设全国统一大市场受到体制性、制度性约束（丁俊发，2022）。对此，党的二十大报告指出，要"坚持和完善社会主义基本经济制度，充分发挥市场在资源配置中的决定性作用，更好发挥政府作用""构建全国统一大市场，深化要素市场化改革，建设高标准市场体系。完善产权保护、市场准入、公平竞争、社会信用等市场经济基础制度，优化营商环境"（习近平，2022）。强调政府应为市场提供制度保障，使政府与市场都能得到良好发展。

2016年6月，国务院发布《国务院关于在市场体系建设中建立公平竞争审查制度的意见》（以下简称《意见》），标志着公平竞争审查制度正式建立。公平竞争审查不仅关乎民生福祉，更触及社会各行各业，与各级地方政府部门的工作紧密相连。其核心是竞争主管机构对政策制定机关的发布或拟发布的相关文件进行审查，以防止行政权力过度干预市场，维护市场竞争环境，对于强化竞争政策基础地位，加快建设中国统一开放、竞争有序的市场体系具有重大的现实意义和深远影响（杜爱武、陈云开，2021）。2021年6月，市场监管总局等五部门联合印发《公平竞争审查制度实施细则》（以下简称《实施细则》），进一步强化了制度的刚性约束。2022年5月，市场监管总局在天津、吉林、上海、江苏等9个省市推行公平竞争审查试点，以进一步提升审查质量效能。2022年6月24日，新的《中华人民共和国反垄断法》（以下简称《反垄断法》）正式颁布，其中新增第五条规定，"国家建立健全公平竞争审查制度"，公平竞争审查制度的效力位阶正式提升至法律层面。2024年5月11日，国务院审议通过了《公平竞争审查条例（征求意见稿）》，进一步提高了公平竞争审查制度的法律位阶。然而，由于缺少法律层面的高位支持、央地之间的层级性问题、各部门之间的多属性问题等原因，各地在开展公平竞争审查工作时存在一定的难点与阻力，基层部门执行过程中依然存在一定的问题。为更好地推动有效市场和有为政府结合，需完善并优化公平竞争审查制度（叶光亮等，2022）。

（二）公平竞争审查制度的文献回顾

当前，如何促进基层政府公平竞争审查制度的有效执行成为学术界亟待研究的重要命题。一般认为，中国在公平竞争审查制度中引入政策制定机关进行自我审查，既有助于节约成本，也有助于通过参与审查提高政策制定机关的公平竞争意识。自我审查模式虽是对中国当前现实的一种折中和妥协，但也是当下最具现实意义的明智之举（张玉洁、李毅，2018；孙伯龙，2023）。但也有学者认为自我审查模式存在一定的理想化、形式化等问题，制度运行逻辑建立在政策制定主体的价值取向基础上，从而导致悖论的存在（鲁篱、刘弘阳，2018）。政策机关自我审查暴露出审查动力、审查能力与审查效果不理想，以及专业审查人员配置不足、缺乏严格程序约束等问题。中国公平竞争审查制度已逐渐退化为行政权力内部运行机制，而且因文本规范的简单效仿、程序缺位和实践模式单一僵化等因素，导致了公平竞争审查机制在经济治理中效率减损、无法兑现其制度初衷（金善明，2019）。为了解决前述存在的问题，研究者提出对审查机制与模式的改进建议，如探索"初步审查+深度审查"模式；反垄断执法机构专门独立审查模式；由竞争主管机构集中统一审查、其他各方配合的集中审查模式等（殷继国，2020），同时强调引入外部监督约束自我审查，并定期评估。认为公平竞争多元审查机制在一定程度上能够满足公平竞争审查制度创新的各项需求（叶光亮等，2023）。也有研究从政策执行的激励手段与约束策略视角切入，认为应建立对行政部门的审查激励机制；并进一步落实领导责任制，将问责情况记入个人档案，作为人事评定的依据以及探索构建投诉受理与答复机制等约束措施（马建堂，2021）。针对公平竞争审查制度的策略优化展开讨论，认为要差别对待增量垄断与存量垄断，设立一个清理存量的过渡期，逐步消解制度执行难点（余东华、巩彦博，2017）；同时处理好中央与地方的关系，构建审查协助、联合审查机制，促进各区域竞争环境同步优化（戚聿东、郝越，2022）。另有一些研究聚焦公平竞争审查制度政府执行法律依据展开研究，学术界普遍认为公平竞争审查制度的法治化程度稍显不足是该制度当前执行力度不够的原因之一。随着公平竞争审查工作的推进，还有一些研究聚焦实践中政策执行绩效展开分析，刘慧和綦建红（2022）采用2011—2020年国家重点支持产业内的上市公司数据来分析公平竞争审查制度的实施效果，发现实施公平竞争审查制度有利于提升企业的投资效率。

从上述研究文献来看，尽管全国统一市场、行政垄断、竞争政策等概念并非新鲜事物，但由于公平竞争审查制度落地时间相对较短，作为一项主要依靠上级部门高位推动来实现的制度，在基层实践方面，制度执行面临的困难、内在原因及解决办法缺乏足够的关注。关于制度优化的建议也较为零散，多为顶层设计以及既往经验的归纳总结，针对具体实践情境的描述与分析较少，缺乏面对基层政策执行实践而考虑设计的建议措施，也缺少从微观角度进行实地调查、定量分析与案例研判的研究，有关公平审查制度执行层面的研究值得进一步探索。

本文基于整合理论及中国本土化的"高位推动—层级性—多属性"政策执行模型，构建分析框架，并运用问卷调查、访谈等研究方法，将定性与定量相结合，探究公平竞争审查制度的执行过程与内在逻辑。2021年，江苏省作为开展公平竞争审查信息化建设试点工作的首批省份，苏州市市场经济活动频繁，其政策实践具有前沿性和创新性，选择苏州市Y区，在于其在执行实践方面具有一定的代表性，也便于对执行情况进行深入的跟踪调研。本文尝试在研究中回答以下问题：Y区公平竞争审查制度是如何执行的？政策执行过程中面临哪些困境及背后原因？如何走出公平竞争审查制度执行困境？

二 理论基础与分析框架

（一）理论基础：整合理论

制度执行是将制度目标转化为制度现实的动态过程。这个过程需要政策制定者遵循原则性与灵活性相统一的原则，运用各类资源、采取各种行动，建立各种规则，解决可能发生的冲突与矛盾（陈振明、吴勇锋，2021）。整合理论重视对政府机关间网络关系的研究，认为层级政府间府际关系的运作以及政府部门、民间部门等水平关系的运作共同构成了执行机关的网络关系。整合理论一方面强调政策制定者对政策执行的影响力，同时也重视基层政策执行者的能动性与对政策执行结果的影响。政策执行的成功与否，很大程度取决于府际关系中关键机构组织能力的强弱以及水平关系中各部门沟通协调的好坏[①]。

具体来说，影响制度有效执行的因素主要有四点：一是制度执行效果往往受其所要解决问题的复杂程度和涉及范围的直接影响。一般来说，高层级制定的、涉及全局性的制度由于牵涉的范围更广泛，往往要比低层级制定的、局部性的制度执行难度更大。二是制度本身的正确与否会影响制度执行的有效性。一个正确的制度必须顺应社会发展规律，保证人民根本利益，同时在操作和技术上具备明确性和可行性。模棱两可、指向不明的制度会增加基层政府执行的难度。三是制度执行资源的充足与否会影响制度执行的有效性。执行好制度，需要充足的经费来源、必要的人力支持以及畅通的沟通渠道。制度执行还需要有制度的权威性背书，使制度执行得到社会各方的有力支持。四是执行机构与执行人员会影响制度执行的有效性。执行机构组织间的充分、有效的沟通是制度得到有效执行的重要条件，包括与上级机构的沟通协调和与横向众多机构的交流合作。执行人员的素质、态度与能力也会影响制度的有效执行。

（二）分析框架

近年来，国内学者也持续关注中国本土化的政策执行实践，试图构建本土化的政策执行理论模型以解答中国的政策执行问题。贺东航和孔繁斌（2011）认为，中国的政策执行具有高位推动、层级性、多属性的特点，提出"高位推动—层级性—多属性"政策执行模型。"高位推动"体现在中国公共政策的实施是由中央为主体发动的，将压力层层向下传递保证政策得到执行，同时中央政府会采取巡视、监督和检查等手段，保证政策落地效果，这也是中国本土化的政策执行理论最大的特点。因中央和地方政策目标表现不同，在纵向上呈现差异性，即中国公共政策执行的"层级性"，其核心是依靠党委的高位推动和中间层级的领导与协调推动。"多属性"是指重大公共政策往往

---

① 20世纪70年代以来，形成了三种主要的政策执行研究途径：一是"自上而下"途径，该途径主要从中央行动者的目标和策略出发，认为中央对政策执行主体的控制是影响政策执行效果的关键。"自上而下"途径研究的主要缺陷是将政策执行过程简单地当作行政过程，过于看重政策制定者的作用，忽视了政策执行者与目标群体对制度实施效果的影响，也忽视了基层官员的适应策略。二是"自下而上"途径，即以政策链条中较低层次的行动者作为出发点进行研究，该研究认为相较于政策制定者，基层的政策执行者对政策执行效果具有决定性的影响。"自下而上"途径强调基层制度执行者的自主权，并开始重视对利益相关者的分析，在一定程度上弥补了"自上而下"研究路径的缺陷，但也带来了新的争议，即过于强调基层执行者对政策执行的影响力而忽视了政策制定者的约束，同时忽视了对行动者行为选择原因的分析。三是"整合执行"研究路径，该路径在一定程度上综合了"自上而下"与"自下而上"两种路径，强调政府部门之间的协调互动与制度执行效果的关联，克服了两者之间的对立，采用较为全面的方式看待政策执行过程。

需要政府不同职能部门之间的协同和配合，横向上形成了多元参与者的复杂网络关系。政府相关部门在执行公共政策时，常常出现不同部门之间工作量不均衡、利益有冲突、目标不一致的情形，导致部门之间难以协调一致、高效配合，出现公共政策执行中的"孤岛现象"与合作困境。

治理的核心是信任、合作与整合，信任是合作的基石，合作是重大公共政策得以真正贯彻落实的前提，整合则能够突破单一部门执行的限度，形成部门间合力。实现各部门间的信任、合作与整合，关键需要依靠高位推动来完成横向层级的部门协作，落实各部门的具体责任。基于此，本文认为整合理论中的政府机关间网络关系为本文研究公平竞争审查制度执行提供了重要的启示：一是整合理论重视政府间网络关系的研究，并认为层级政府间府际关系的运作以及政府部门、民间部门等水平关系的运作共同构成了执行机关的网络关系，因此本文以中国政府上下层级之间的纵向关系与同级政府间不同部门之间的横向关系为出发点开展研究。二是整合理论整合了"自上而下"与"自下而上"的研究路径，强调了政策制定者与基层执行者对政策执行结果的共同推动作用，突出政策执行过程中的双向互动。

因此，本文从整合理论视角切入，依据"高位推动—层级性—多属性"政策执行模型构建本文分析框架（见图1），探索"自上而下"的层级间政府部门的高位推动、协调，同时分析政策执行过程中"自下而上"政策执行效果的反馈、传导以及政策执行中同层级各部门之间的协作，通过探究公平竞争审查制度执行过程中的双向互动及内在逻辑，分析影响制度执行取得实效的潜在因素。

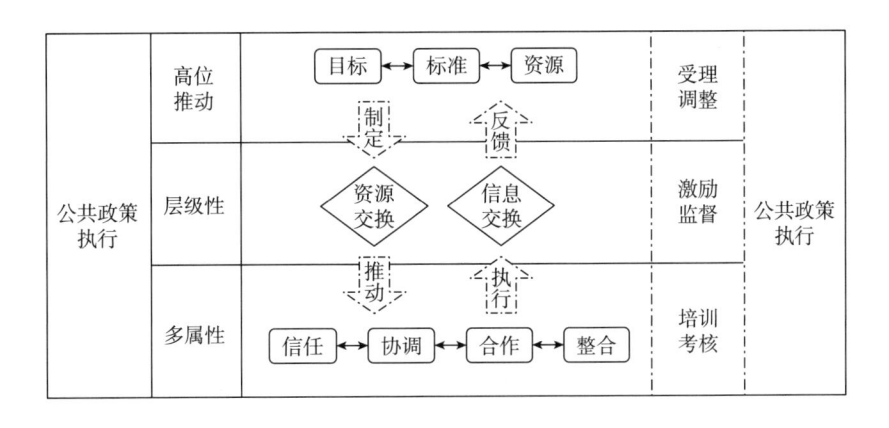

图1 基于整合理论的"高位推动—层级性—多属性"政策执行分析框架

三　案例呈现：苏州市 Y 区公平竞争审查制度执行现状

（一）案例选取与数据收集

1. 案例介绍

苏州市 Y 区作为国家级开发区以及江苏省自贸片区，是推动苏州市经济发展的主力之一。Y 区始终秉持"亲商"服务理念，重视营造良好的营商环境并给予各类市场主体公正待遇，以推动地区经济社会良性发展。以提升区域经济总量为主要绩效目标，Y 区部门政策灵活度比之其他区县较高，发布的政策文件中涉及市场主体经济活动的文件比重也相应较高。苏州市 Y 区作为行政层级较低的区县级单位，对上承接上级部门下达的工作任务与指令，对下则需协调各部门共同推进制度的落实，在公平竞争审查制度执行过程中，Y 区面临的困难与挑战与其他同层级政府部门相似。

由于是试点省份所在的最基层单位，Y 区在数字化政策执行管理中也有一定的特殊性，Y 区探索公平竞争审查实现了"三个率先"：一是率先在办公自动化（OA）办文流程中创新性地加入了公平竞争审查模块，使其成为发文前必不可少的一环，显著提升了制度的强制力。二是 Y 区公平竞争审查联席会议率先邀请律师团队进行专业第三方评估，进一步优化了"自我审查+外部监督"工作机制，确保审查的专业性与规范性。三是 2022 年率先在年度考核中首次纳入了公平竞争审查相关内容，此举有效激发了各部门的积极性与责任感。

2. 问卷发放与收集

通过与多位苏州市 Y 区公平竞争审查制度的执行者进行深入交流和探讨，详细了解该区公平竞争审查制度执行工作的现状，并特别关注基层实践中遇到的种种困难，同时关注制度执行者对制度的评价、感受和建议，力求获取更为全面和准确的信息。基于访谈内容，结合理论分析设计问卷。问卷内容主要包括基本信息、层级性执行问卷和多属性执行问卷三大部分，旨在对现有的执行环节与执行效果进行量化评分，从而找到制度执行中的薄弱环节。

问卷发放对象主要是苏州市 Y 区公平竞争审查制度的执行者，并向被调查者征集制度执行中发现的问题与优化建议。运用 SPSS 软件对调查问卷的结果进行信度与效度检验，通过图表等形式更加科学、直观地展示苏州市 Y 区公平竞争审查制度执行的现状、面临的问题以及解决方向，为未来的制度优化提供一定的支撑和依据。

（二）Y 区公平竞争审查制度层级性执行架构

1. 中央政府层面：高位推动

中央政府作为公平竞争审查制度的制定者与推动者，为制度的执行提供了强大的动力。自 2016 年国务院发布《意见》以来，公平竞争审查制度的实施便以这一文件为起点，自上而下传导至各级政府部门。在这一过程中，中央政府采用多种高位推动途径，包括强调、指导、巡视、督察等，以确保公平竞争审查制度能够在各级政府部门得到真实、有效的执行。

2. 省、市政府层面：部署协调

2016 年 8 月，江苏省人民政府发布了《省政府关于在市场体系建设中建立公平竞争审查制度的实施意见》，明确在江苏省范围内建立公平竞争审查制度，并要求省人民政府各部门以及各设区市、县（市、区）人民政府同步建立相应的审查机制。此后，江苏省政府积极响应中央政府的号召，通过政策支持、考核监督等方式，推动制度在各市、县（市、区）人民政府得到有效执行。2017 年 8 月，《苏州市人民政府关于在市场体系建设中建立公平竞争审查制度的实施意见》发布，正式在苏州市范围内确立了公平竞争审查制度。苏州市政府严格按照省政府的各项要求，对公平竞争审查工作作出具体部署，并积极协调本级政府各部门以及 Y 区等各下级政府部门落实制度。

为进一步加强公平竞争审查工作的监督和评估，苏州市公平竞争审查联席办自 2021 年起，每年对下属各区县的公平竞争工作开展专项考核。通过建立完善的考核指标体系，结合自评和综合评审的方式，对各区县当年的公平竞争工作进行客观评估。此外，还通过制定每年的工作重点，逐步推动各区、县建立健全相关配套制度执行保障机制，确保公平竞争审查制度在全市范围内得到有效执行。

3. Y 区政府层面：深入落实

2018 年 4 月，Y 区发布动员文件，正式决定成立 Y 区公平竞争审查工作联席会议，明确了会议召集人、副召集人及成员名单。为推进制度的深入实施，特设联席会议办公室。同年 5 月，Y 区管委会出台《Y 区管委会关于在市场体系建设中建立公平竞争审查制度的实施意见》（以下简称《实施意见》）。该文件要求各部门、各街道办事处和各社工委同步建立相应的公平竞争审查机制，以确保公平竞争审查工作在各部门和地区的全面推进。此外，《实施意见》也详细规定了各部门在起草文件时需进行审查的情况，并明确了审查的标准与例外规定。

2018 年 8 月，Y 区管委会在《苏州市 Y 区政策文件解读实施办法》中再

次重申，各单位在起草政策文件时，应将公平竞争审查作为必经环节，并出具相应的审查意见，再次强调公平竞争审查是政策文件出台前的规定动作。此后，公平竞争审查被纳入Y区法治政府建设和国民经济和社会发展"十四五"规划相关要求中，体现了其长期性和战略性的地位。

（三）Y区公平竞争审查制度多属性执行架构

当前，苏州市Y区已建立了以公平竞争审查联席会议为依托，办公自动化、第三方评估为支持，抽查、举报机制为保障，考核体系为激励的制度执行框架，在本级政府层面保障了制度的有力执行。

1. 以联席会议制度为依托

《实施意见》明确建立Y区公平竞争审查联席会议制度，主要职责在于指导本地区的公平竞争审查制度执行工作，并对执行中出现的重大问题进行深入研究，发挥着至关重要的作用。在层级性执行方面，它与上一级联席会议保持紧密交流，分享工作动态，探讨疑难问题，并汇报工作进展，确保上下级之间的顺畅沟通。在多属性执行方面，联席会议成为各部门间交流沟通的有效平台，上级传达的最新要求、制度的最新动态都能通过联席会议横向传递到各部门，从而确保公平竞争审查制度在全区范围内得到有效执行。

2. OA发文模块

根据《实施意见》，政策制定机关在出台政策之前，须填写政策措施公平竞争审查表及公平竞争审查报告。实际上，政策制定机关可自行掌握填写时间，导致部分政策在制定过程中并未进行严格的自我审查，而是事后补充，流程上并不规范。公平竞争审查制度建立初期，Y区积极响应数字改革创新要求，率先在新上线的OA系统办文流程中加入了公平竞争审查模块。这一创新举措借助信息技术和流程控制实现公平竞争审查工作可回溯管理，既增强了制度的强制力，也提高了各部门的自觉性与工作效率。

3. 第三方评估

为进一步确保审查工作的专业性和准确性，苏州市Y区引入了第三方评估机制。联席会议办公室可以采取两种方式：一是直接对相关政策措施文稿组织第三方评估，由第三方评估机构出具相关建议。二是组织研讨会，邀请政策措施涉及单位、专家学者、利害关系人和第三方评估机构共同参加，在广泛征求各方意见和综合分析后，由第三方评估机构出具建议。这一机制的引入，也为解决一些疑难问题提供了有力的支持。

4. 线上线下抽查

为增强公平竞争审查制度刚性约束，提高审查质量，Y区制定了公平竞争审查抽查办法。重点关注政策措施制定是否履行审查程序、审查流程是否规范、审查结论是否准确等方面。在抽查形式上，通过线上与线下抽查相结合，确保检查的全面性和深入性。在抽查内容上，Y区联席会议办公室每年对全区的政策措施进行例行抽查，同时根据工作需要以及市场主体反映强烈、问题比较集中的领域，不定期地组织专项抽查与重点抽查。

5. 举报处理机制

为进一步增强外部监督，保障制度得到有效执行，Y区还出台了相关的举报处理办法。办法出台后，Y区在政务网站上同步公布了举报热线与举报地址，若公民、法人或其他组织认为政策制定机关出台的政策措施违背公平竞争审查标准，可以采取当面递交、邮寄、传真、电子邮件等方式向受理机关举报，也可以通过12315热线进行举报。受理机关在作出处理决定、提出处理建议或结束核查后，须及时向被举报人反馈意见，形成闭环。

6. 绩效考核体系

当前，公平竞争审查制度落实情况已纳入Y区对机关单位（含派驻机构）高质量发展考核体系，所占分值为1分，由联席会议办公室所在部门市场监督管理局负责打分。考核分值与部门绩效挂钩，提高了各部门执行公平竞争审查制度的积极性。苏州市Y区公平竞争审查制度执行架构如图2所示。

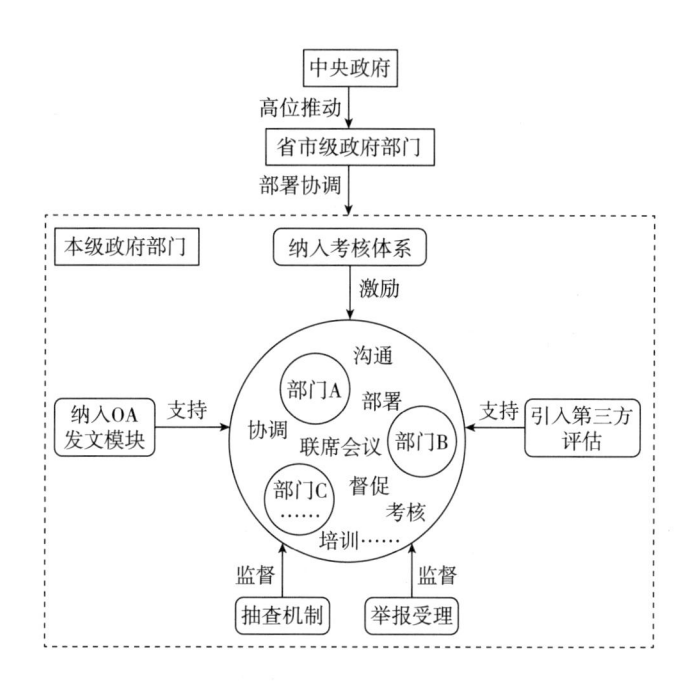

图2 苏州市Y区公平竞争审查制度执行架构

四　Y区公平竞争审查制度执行困境与生成逻辑：基于"高位推动—层级性—多属性"政策执行模型的分析

（一）数据分析与结果讨论

调查问卷结果显示：总体来看，调查者对Y区公平竞争审查制度执行的层级性层面与多属性层面的整体情况持肯定态度。一是从层级性问卷均值情况可以看到，在满分5分的情况下，均值超过4分的题项有11项，主要集中在上级部门的推动工作以及上下级之间的沟通交流方面，可见被调查对象对上级部门的支持力度与态度相当认可，分值较低的几项涉及上级部门对下级部门的考核指标（3.91分）、下级部门执行的主动性（3.99分）与创新性（3.56分）以及变通性（3.75分）方面，尤其以创新性得分最低，为3.56分，可见下级部门在日常执行制度的过程中主要还是依章办事，对制度的执行缺乏一定的积极性。二是从多属性问卷均值情况可以看到，在满分5分的情况下，均值超过4分的题项也有11项，主要集中在本级政府的推动工作与各部门与联席会议的沟通交流方面，可见被调查对象对本级政府与联席会议的工作态度比较认可，分值较低的几项涉及部门负责执行人员的稳定性（3.90分）、公平竞争审查制度的审查标准（3.68分）、争议协调解决机制（3.83分）以及联席会议的组织协调能力（3.96分）方面，尤其以公平竞争制度的审查标准分值最低，为3.68分，可见公平竞争审查制度的执行标准在实际执行过程中的指导作用不强，导致各部门在制度执行时容易产生争议与疑问。

总的来说，Y区公平竞争审查制度的执行并非一帆风顺，多元因素影响和制约了政策执行过程和最终成效。

（二）Y区公平竞争审查制度执行困境

1. 纵向层级施压与监督加重执行负担

自公平竞争审查制度确立以来，一直受到上级政府部门的高度关注。为深入了解制度基层执行现状、进一步推动制度完善，上级政府部门对下级政府部门制定了相关考核内容，并开展了多项调研与督察。Y区政府部门每年除了按照相关文件要求开展日常审查工作、确保制度正常执行，还需要耗费一部分精力应对上级政府部门的外部检查。仅2023年1—11月，苏州市Y区就收到了来自中央、省、市的七份检查与要求类的文件。文件要求在规定时间内完成组织三方评估、进行政策文件抽查、建立相应机制保障等；同时一些调研或巡视也需要在短时间内准备大量符合要求的证据材料。多线条交织下，上级政府传导的外源压力层层传递到基层政府，导致基层政府在制度的正常执行之外耗费了较多的精力。

以2023年苏州市对各辖区的公平竞争考核内容为例，考核指标体系涵盖组织领导、统筹协调、审查情况、监督指导、抽查核查、宣传培训与创新工作七个维度。每个维度详尽列出了被考核对象在制度执行中应完成的具体任务。比如，在"组织领导"这一考核条目中，就明确要求被考核对象需制定并发布年度公平竞争审查工作要点、出台公平竞争审查重大政策措施会审制度等。在实际执行中，上述考核指标的确能够通过清晰明确的条目指导下级部门的执行，确保各地区步调一致，紧跟上级部门的进度，共同推进公平竞争审查工作，避免出现个别地区拖延怠惰的情况。然而，这种条框式的考核要求，或许"超前"，或许"过时"，与各地区制度执行的实际情况产生脱节。

在这种情况下，下级政府部门往往受到考核压力限制，难以根据本地实际情况灵活调整执行策略，在一定程度上丧失了制度执行的自主性。例如，Y区近年来在公平竞争审查方面的工作，几乎都是围绕上级政府决策部署展开的。在上级政府提出第三方评估或抽查工作要求之后，下级政府才会开始执行，缺乏主动性。此外，近年来Y区公平竞争审查联席会议办公室建立的相关机制，以及针对反垄断、公平竞争审查和竞争政策的一系列宣传推广活动，尽管出台与举办的时机都居于苏州市前列，但都并非原创，而是结合省、市一级的要求开展的。

下级政府部门执行的内生动力不足也使制度执行存在流于形式的风险（贺东航、孔繁斌，2011）。根据访谈，由于在政策文件的发布过程中，公平竞争审查属于流程内强制环节，对于涉及市场经济主体的政策文件，各部门均会在线上完成公平竞争审查流程，但如果进行自我审查的政策制定机关重视程度不足、研判力度不够，就可能导致审查流于形式，出现漏审、错审等问题。此外，个别部门对于联席会议交办的其他材料收集、报送等数据统计工作，会出现迟报、漏报、不报等情况，对制度顺利执行也形成了一定阻力。

2. 部分审查标准缺乏释义与案例指导

问卷调查结果显示，Y区公平竞争执行者对"审查标准规则清晰，易于理解"打分为3.68分，得分为多属性问卷最低，表明制度执行者对审查标准争议颇多。（受访者 E："18 条标准数量有些多，而且很多我们都不涉及，还是上次案例讲解提到的几个比较实用，不过数量太少了，感觉不是很全面。"）公平竞争审查制度虽以"负面清单"的形式列出了四个方面 18 项标准和两项兜底条款，但在实际执行时，一些模棱两可的措辞还是会令人为难。例如，审查标准第四项影响生产经营行为标准中的第一条"不得强制经营者从事《反垄断法》规定的垄断行为"，依据《反垄断法》，垄断行为具体包括：垄断协议，滥用市场支配地位，具有或者可能具有排除、限制竞争效果的经营者集中三种情况，通常由具备专业执法经验的反垄断部门认定，各业务部门在审查中往往较难定性，有待出台进一步的指导与释义；审查标准第一项市场准入和退出标准中"不得设置不合理和歧视性的准入和退出条件"又与第二项商品和要素自由流动标准中"不得限制外地和进口商品、服务进入本地市场或者阻碍本地商品运出、服务输出""不得排斥或者限制外地经营者参加本地招标投标活动"等标准存在一定的重合，可以进一步区分或归纳。

　　上级政府部门虽然每年都会发布公平竞争审查领域的典型审查案例，但往往集中在几个固定领域，下级政府部门已经较为熟悉，而有一些没有具体案例，审查标准又存在一定争议的问题，当前既缺少标准释义，也无相关案例的指导。（受访者 F："经过我们多次提醒强调，各部门发文的时候都比较清楚了，像某些字眼是绝对不能出现的，也会回避掉相关敏感内容。"）例如，在某县发布的《公平竞争审查操作指南》中，列举了 88 个违反审查标准的案例，其中有 40 个案例集中在违反市场准入和退出标准第三款"不得限定经营、购买、使用特定经营者提供的商品和服务"中，而其他标准的案例数量则较少或没有，较难对各部门形成全面有效的指导。审查标准的模棱两可给政策文件在日后评估或检查中被当作问题案例埋下隐患。

　　公平竞争审查一方面要求审查主体熟悉掌握部门内部的业务情况，另一方面也要对市场经济、产业发展、反垄断相关法律法规有较深的了解。在审查标准缺乏释义与案例指导的情况下，各部门执行公平竞争审查制度的人员对相关专业知识往往较难把握，执行制度的专业能力可能会有所欠缺。

3. 联席会议对其他部门的号召力有限

　　根据《实施意见》，联席会议应分为全体会议、专题会议和联络员会议三种形式，其中全体会议由召集人或其指定的副召集人主持，主要通报、部署年度工作，增补联席会议成员，修订工作规则，讨论审议涉及各成员单位的重大事项；专题会议由召集人或者副召集人根据研究事项内容组织召开部分成员单位会议，主要研究解决具体工作事项；联络员会议由联席会议办公室定期召开，全体成员单位的联络员参加，主要内容为传达上级联席会议的工作任务和要求，并议定日常工作及其他事项。根据政府公开网站上查阅到的信息，2021—2023年，仅2023年度Y区召开了公平竞争审查联席会议全体（扩大）会议，参会单位31家，其余两年召开的均为联络员会议。2021年度参会单位20家，2022年度参会单位13家，均少于全体会议的单位数。

就目前的执行情况而言，联席会议办公室的号召力相对有限，对其他部门的影响也较为微弱。当面临需要补充材料以应对上级督察时，部分部门会表现出不配合的态度，在一定程度上影响了工作的顺利进行。（受访者G："我们联席会议办公室对其他部门缺少约束力。有时候上级要来检查，难免要补充一些材料，但其他部门忙着自己的工作，不回复你，或是到最后期限才给材料，你也只能自己着急。"）

（三）基层政府公平竞争审查制度执行困境的生成逻辑

公平竞争审查制度确立的背后，反映了中央利益与地方利益、产业政策与竞争政策的重新布局。其内核是要打破地方保护、区域封锁、行业壁垒以及企业垄断，为企业发展创造公平竞争的市场环境。

1. 科层体制下纵向层级政府间缺乏双向互动与交流

制度追求的是整体利益，而地方政府更倾向谋求自身的发展。因此，长远来看公平竞争审查制度有利于各地经济结构调整，实现社会可持续健康发展；但短期内该政策可能会要求下级政府部门舍弃局部利益，从而可能与地方经济社会发展的绩效目标存在冲突。例如，一些地方为吸引一批优质企业落户当地或着力扶持一些重点行业，通常会制定一系列条件优厚的招商引资政策。然而，出台政策，其条款就很可能会违背公平竞争审查原则；不出台政策，则可能丧失发展机会。

科层体制下，上级政府拥有显著的权威与影响力，而下级政府向上级政府反馈意见的渠道较为有限，且意愿较低。为确保政策执行效果，上级政府往往会采取考核、督察等手段对下级政府的工作进行验收和调研；而下级政府为了顺利通过检查，避免被问责，也会尽力确保执行效果满足上级政府的要求。基层政府既要承接并落实上级政府的各项决策与任务，又要直接面对企业和社会公众，做好监管服务，平衡各方利益与矛盾。双重压力之下，基层政府的执行负担无形中不断加重。

2. 审查标准与执行实践存在脱节有待改进

公平竞争审查制度的审查标准当前依然停留在国务院2016年发布的《意

见》一文中，且标准的原型来自旧版《反垄断法》滥用行政权力排除、限制竞争相关的论述，其标准与当下现实状况存在一定的脱节。审查的18条标准均为"不得……"形式的论述，实际为违反公平竞争的"负面清单"，其反映的内容有限，不足以囊括当前行政垄断、限制竞争的全部行为，且公平竞争审查限定的领域仍主要集中在市场准入、商品流通等传统环节，缺少对新兴行业与经济体相关行政垄断行为的约束。标准的局限也导致了典型案例缺乏全面指导性，部分审查标准至今未有适用案例，而部分涉嫌行政垄断的案例只能适用《反垄断法》，缺少相应的审查标准与之对应。

3. 同层级部门间难以实现协作和整合，联席会议话语权较低

地方政府的各部门均围绕地方发展任务组建，其工作主要围绕本部门职能目标开展，联席会议办公室布置的公平竞争审查相关工作严格来说属于"本职以外"的工作，较少得到积极回应，难以凝聚各部门发挥更大作用。公平竞争审查制度作为一项党中央、国务院高位推动为起点的制度，其在确立之初就明确由各省份确定制度的具体工作措施和办法，即市县级人民政府及所属部门需在上级部门的指示下开展工作。基层政府部门面对的地方市场规模必然小于上级政府部门面对的市场规模，主动作为的对象也只能限制于局部市场，如果独自行动，有可能会产生打乱上级政府部门对市场改革的整体规划、影响全国一盘棋的风险。在层层的制度框架与具体要求之下，基层政府公平竞争审查联席会议的日常工作主要以落实上级部署、被动执行制度为主，较少有自己发挥的空间。

五　基层政府公平竞争审查制度执行的破解之道

《意见》指出，建立公平竞争审查制度是一项长期性、系统性、复杂性工程，必须科学谋划，分步实施；要尊重国情，坚持从实际出发；要着眼长远，做好整体规划，在实践中分阶段、分步骤地推进和完善。公平竞争审查制度不仅牵涉民生福祉，触及各行各业，也与各级地方政府部门的工作息息相关，制度的落实需要依托中国经济改革的不断前进与竞争理念的不断深化。因此，对待这项制度必须稳中求进，通过解决实践中的小问题推动制度逐步得到完善。

（一）强化交流减轻执行负担

上级政府部门的频繁督查和全面考核，既体现了对公平竞争审查制度的高度重视，也凸显出基层政府部门在制度执行中的关键作用，但任务与考核

的层层叠加也容易导致基层政府部门负担过重。基层政府应主动与上级政府部门就业务内容、考核指标等事项积极沟通，减轻自身执行负担。

1. 增加反馈化解执行难题

公平竞争审查制度的顺利实施，离不开上下级各部门间的有效沟通，应尽量在上级层面化解制度执行的难点、堵点，而不是在基层政府部门堆积。由于政策文件往往来自上级部门，如果上级文件已明确避免违反公平竞争审查标准，下级部门通常会遵循；反之，若上级文件违反审查标准，下级部门在执行时会面临困境。因此，上下级部门及各级公平竞争审查联席会议应建立更畅通的沟通机制，对存在审查风险的文件，及时向上级部门反馈，使上级部门提前明确指示。在上级部门发文时即可避免违反审查标准，减轻基层政府在制度执行和审查过程中的负担。

2. 主动沟通优化考核内容

基层政府在执行公平竞争审查制度时，应在满足基本要求的前提下，结合实际情况进行制度优化，以赢得更广泛的支持。尽管上级政府的考核体系已相当完善，但仍存在"规定动作"与"自选动作"不平衡、基础项规定过细、加分项难度过高等问题，这限制了基层政府的能动性。此外，过于依赖文本材料的考核方式也会给基层政府带来一定压力。因此，建议基层政府加强与上级部门的沟通，优化考核内容，简化规定动作，增加合理的加分项条目，降低加分难度，从而激发基层政府执行制度的积极性。

3. 与深化区域合作有机结合

当前的公平竞争审查制度基本按属地原则开展，在贯彻上级部署的同时，各层级也应思考如何在横向层面打破市场的隐形壁垒。横向区域的联动有利于打破行政层级体制的束缚，激发下级政府部门执行制度的主动性和创新性。一是与区域内外其他地区协调，建立公平竞争审查专家人才数据库，实现专业人才共享，从而提升审查的科学性。二是建立跨区域第三方互评机制，开展公平竞争审查第三方互评，以确保评估的公正性和有效性。三是开展区域协同监管，针对公平竞争审查的重点风险领域和地方保护、市场分割等突出问题进行专项整治，为企业营造公平的竞争环境。四是设立公平竞争审查论坛，汇聚各方力量共同探讨竞争政策的新趋势和制度执行的新进展，推动基层地方政府间交流，促进区域公平竞争审查一体化，逐步拓展区域市场格局。

4. 进一步出台激励措施

有研究表明，对地方政府优化营商环境的激励机制不仅要包括财政分权等"政治激励"，还应当包括转移支付等"经济激励"和包容创新等"自主权激励"。基层政府可向上级部门争取政策扶持（如财政补助或奖励津贴等），以平衡因执行公平竞争审查制度造成的利益损失，并对勇于创新的地区给予包容和试错空间。可借鉴澳大利亚的竞争支付模式，以财政激励代替惩罚，弥补地方执行公平竞争审查制度时的经济损失。澳大利亚的竞争支付包括一般性支付和特殊支付。前者基于公平竞争审查义务的履行，收益能为各地公平享有，其额度与人口数量和物价指数挂钩；后者则针对特定个体或群体，采用"一事一议"方式以平衡复杂利益关系。这种制度有效地提升了地方政府竞争审查工作的积极性，为国家带来显著收益。

（二）完善审查标准丰富案例指导

1. 提升标准的适用性

审查标准为公平竞争审查提供了具体指引，但审查标准不能一成不变，需要随着时间的推移、经济社会的发展进行更新。2023年5月，国家市场监督管理总局发布的《公平竞争审查条例（征求意见稿）》对审查标准进行了修订，如对市场准入和退出标准的表述进行了优化，并增加了兜底条款，有助于下级部门更有效地研判，减少争议。基层政府应与上级部门畅通反馈渠道，及时反馈实践中发现的标准适用性问题，修订不适用的标准，确保其对制度的指导性作用。

2. 提高案例的指导性

发布典型审查案例一方面可以为各部门执行制度提供指导，另一方面可以起到释纪明纪、警示告诫的作用，成本低且效果显著。基层政府需积极与上级部门及周边地方政府合作，搜寻各地的典型案例，结合自身区域经济发展情况与发布的政策文件特点，对审查标准及例外情况逐条列明相关的案例或给出进一步的解释，形成对制度执行的全面指导，尤其对一些概念相对模糊的标准，亟须上级政府部门进一步释义，以给予地方制度执行人员更多的支持。基层政府也可以自行或联合周边地区开展公平竞争审查论坛或沙龙交流活动，邀请专家、学者、反垄断执法人员以及制度执行者共同参与，交流全国统一大市场建设情况，共同探讨工作中发现的争议案例，以加深对制度的理解与思考；根据地方经济发展的实际情况，选取可能违背审查标准的风险点，收集典型案例进行警示教育，以避免可能出现的审查问题。

3. 提升宣传培训力度

基层政府应面向社会各界广泛宣传，提升公众对公平竞争审查制度的关注度，形成多方合力，激发政策执行者提升专业能力的主动性。一是可以加大宣传范围，多进入产业园、写字楼，与企业面对面交流，增强其对制度的了解与支持。二是收集被宣传对象对政策的认知程度、满意程度以及其他的意见建议等，了解市场公平竞争现状与工作中的不足，提升部门的重视程度。三是在开展审查工作的常规培训以外，针对重点行业与项目进行集中宣传教育，如集中采购、税收和民生领域等，提高培训的实用性和针对性。

4. 加快提升智慧监管效能

对政策文件实施存量监测评估与增量辅助审查。通过主题辨别、关键字追查、比对案例库等方式智能判别文件是否与市场主体经济活动有关，其内容有无违反公平竞争审查标准的风险，并将监测结果及时反馈至政策制定机关，同时辅助复核，对问题文件持续追踪整改结果，形成有效闭环。智慧监测系统还便于工作人员对全区的发文数量、审查数量等进行数据汇总与统计分析，大幅度提升了公平竞争审查工作的智能化、标准化、专业化水平。

（三）进一步发挥联席会议的作用

1. 提升联席会议的影响力

公平竞争审查联席会议是各层级政府各部门之间沟通、互助、互促的有力平台，未来有必要进一步提升该平台的影响力，使其发挥更大作用。在横向层面，争取本级政府的大力支持。一方面，在现有成员基础上，继续"提格扩容"，将涉及营商环境建设的各部门共同纳入联席会议，促使联席会议成为共话公平竞争、共谋营商环境的综合协作平台，强化联席会议的统筹协调和监督指导能力。另一方面，申请必要的资金支持，以便更好地宣传公平竞争理念，同时对执行绩效较高的部门给予奖励，提升各部门的积极性。在纵向层面，基层联席会议应与上级公平竞争审查联席会议加强沟通联络，必要时寻求支持与指导。

2. 优化联席会议日常工作

基层联席会议办公室在立足本职工作的基础上，进一步细化、优化工作事项，更积极地发挥服务、监督、指导、协调的综合作用，提升联席会议成员的满意度。一是定期发布公平竞争相关的政策动态与典型案例，提升各部门公平竞争审查执行人员的专业水平。二是及时通报各部门公平竞争审查工作执行情况，反馈第三方评估、抽查工作与外部监督中发现的问题，提高各部门的重视程度。三是针对公平竞争审查的基础知识以及每年新增的热点与疑难问题，召集各部门人员进行交流、培训与研讨，以增强各部门的配合度与协作意识。四是因地制宜调整各部门考核内容与事项，保证公平竞争审查制度覆盖到所有审查单位，进一步细化考核的激励内容与监督举措，使考核内容能促进制度得到有效执行。

3. 加强落实各项机制保障

当前,苏州市 Y 区已建立联席会议工作规则、抽查工作办法与举报处理办法,并构建了三方评估支持体系。未来,将按苏州市政府部门要求,在辖区内建立公平竞争审查会审制度,对重大政策措施进行会审,并提出公平竞争审查意见。随着制度的深化落实,Y 区可探索建立分级分类审查模式,依据政策文件的影响力将联席会议成员单位分类,进行差别化审查,提高审查的灵活性与科学性。针对工程建设、政府采购、招商引资等容易引发争议的重点领域,可前移审查关口,提高效率。例如,安徽省蚌埠市即从完善审查规则入手,印发《蚌埠市招商引资项目联合预审办法》。依靠联合预审,能够提前排除条款中违反审查标准的内容,避免后续审查引发矛盾与争议,有效规范了招商引资行为。

六 结论与展望

本文聚焦基层实践,通过访谈、问卷调查及统计分析等方法,对苏州市 Y 区公平竞争审查制度的实施情况展开调研。从整合理论视角出发,结合"高位推动—层级性—多属性"政策执行模型,深入剖析 Y 区政策执行中存在的困境。基于此,本文提出了针对性的优化建议,旨在为地方更好地落实公平竞争审查制度提供有价值的参考,这也是本文的独特之处。

下一步的研究可以扩大调查地区,提高调查层级,或结合更多行业领域加深研究,使公平竞争审查制度在各层级、各领域的执行得到不断优化。推动公平竞争审查工作迈向更高的台阶,也可以倡导竞争文化,焕发市场活力,加快构建以国内大循环为主体、国内国际双循环相互促进的新发展格局。

参考文献

习近平:《习近平著作选读》(第一卷),人民出版社 2023 年版。

陈振明、吴勇锋:《中国公共政策执行的实践优势与制度逻辑》,《科学社会主义》2021 年第 4 期。

丁煌、定明捷:《国外政策执行理论前沿评述》,《公共行政评论》2010 年第 1 期。

丁俊发:《关于建设全国统一大市场的理论与实施》,《中国流通经济》2022 年第 6 期。

杜爱武、陈云开:《公平竞争审查制度理解与适用》,中国工商出版社 2021

年版。

段葳：《优化营商环境视阈下公平竞争审查制度改进研究》，《理论月刊》2021年第9期。

苟学珍：《地方法治竞争：营商环境法治化的地方经验》，《甘肃行政学院学报》2020年第4期。

《国务院关于在市场体系建设中建立公平竞争审查制度的意见》，中国政府网，https：//www.gov.cn/gongbao/content/2016/content_5086310.html。

贺东航、孔繁斌：《公共政策执行的中国经验》，《中国社会科学》2011年第5期。

虎剑刚：《论我国公平竞争审查制度的完善——基于间断平衡理论》，《价格理论与实践》2018年第9期。

《江苏省人民政府关于在市场体系建设中建立公平竞争审查制度的实施意见》，江苏省人民政府网，https：//www.jiangsu.gov.cn/art/2016/8/22/art_46143_2543209.html。

金善明：《公平竞争审查机制的制度检讨及路径优化》，《法学》2019年第12期。

李珒：《外源压力、内生动力与基层政府政策执行行为选择——基于A市生态环境治理的案例比较分析》，《公共管理学报》2023年第3期。

李晓琳：《市场经济体制背景的竞争政策基础体系解构》，《改革》2017年第3期。

刘慧、綦建红：《"竞争友好型"产业政策更有利于企业投资效率提升吗——基于公平竞争审查制度的准自然实验》，《财贸经济》2022年第9期。

刘继峰：《论公平竞争审查制度中的问题与解决》，《价格理论与实践》2016年第11期。

刘志彪、孔令池：《从分割走向整合：推进国内统一大市场建设的阻力与对策》，《中国工业经济》2021年第8期。

鲁篱、刘弘阳：《论我国地方政府竞争失范之规制》，《理论探讨》2018年第3期。

马建堂：《建设高标准市场体系与构建新发展格局》，《管理世界》2021年第5期。

戚聿东、郝越：《以公平竞争审查制度促进全国统一大市场建设》，《南方经济》2022年第8期。

时建中：《强化公平竞争审查制度的若干问题》，《行政管理改革》2017年第

1 期。

《市场监管总局等五部门关于印发〈公平竞争审查制度实施细则〉的通知》，中国政府网，https：//www.gov.cn/zhengce/zhengceku/2021 - 07/08/content_5623453.htm。

《市场监管总局关于〈公平竞争审查条例（征求意见稿）〉公开征求意见的公告》，国家市场监督管理总局，https：//www.samr.gov.cn/hd/zjdc/art/2023/art_6 47feda81bb249a5981a18c7e5efd4d2.html。

《苏州市人民政府关于在市场体系建设中建立公平竞争审查制度的实施意见》，苏州市人民政府网，http：//www.suzhou.gov.cn/szsrmzf/zfwj/201708123ff7c2aab764d9b976b434dol57fef73.shtml。

孙伯龙：《财税政策公平竞争审查的理论逻辑与机制优化》，《经济法论丛》2023 年第 2 期。

王贵：《论我国公平竞争审查制度构建的基准与进路》，《政治与法律》2017 年第 11 期。

王震、傅佳晨：《宿迁深化公平竞争审查优化营商环境》，中国市场监管新闻网，http：//www.cmrnn.com.cn/content/2022 - 12/01/content_224127.html。

叶光亮等：《以竞争政策促进有效市场和有为政府更好结合——论公平竞争审查制度》，《中国行政管理》2022 年第 11 期。

叶光亮等：《政策评估视角下的公平竞争多元审查机制》，《社会科学战线》2023 年第 4 期。

殷继国：《我国公平竞争审查模式的反思及其重构》，《政治与法律》2020 年第 7 期。

银温泉：《打破地方市场分割建立全国统一市场（主报告）》，《经济研究参考》2001 年第 27 期。

余东华、巩彦博：《供给侧改革背景下的反垄断与松管制——兼论公平竞争审查制度的实施》，《理论学刊》2017 年第 1 期。

袁日新：《公平竞争审查制度的法治进路》，《社会科学家》2019 年第 8 期。

张叶妹、耿启幸：《我国公平竞争审查模式的构建与启示》，《价格理论与实践》2017 年第 7 期。

张玉洁、李毅：《公平竞争审查制度构建的价值维度与实践进路》，《学习与实践》2018 年第 6 期。

郑和园：《公平竞争审查制度中自我审查的理论逻辑及实践路径》，《价格理论与实践》2017年第12期。

《蚌埠:"六项探索"创新公平竞争审查机制》,《中国市场监管报》(数字版),http://pc.cmrnn.com.cn/shtml/zggsb/20221112/48443.shtml。

朱静洁:《我国行政性垄断的公平竞争审查规制研究》,《价格理论与实践》2017年第6期。

祝富:《南京上线运行全国首个公平竞争审查监测评估系统》,《中国市场监管报》(数字版),http://www.cmrnn.com.cn/content/2021-08/05/content_204791.html。

普惠金融背景下银行业差异化监管体系研究

王 慧[*]

摘 要 普惠金融是中国金融高质量发展、深化金融体制改革的必然要求。银行业是支持普惠金融发展的核心金融机构，但中国不同规模银行间在发展战略、风险偏好、金融创新和管理能力等方面存在较大差异，因此，普惠金融发展需要差异化监管体系的适当引导。中国银行业监管政策虽已逐渐体现差异化监管理念，但现有制度尚有待完善，系统性的差异化监管体系尚未形成，难以满足不同银行普惠金融发展的监管需要。本文结合不同银行发展特征，分析了实行差异化监管的必要性，并以促进普惠金融可持续发展为目标，从监管理念、监管法规、监管机构、监管方式、考核制度方面，全面论述了中国差异化监管的问题，进而提出构建差异化监管体系的政策建议。

关键词 普惠金融；银行业；差异化监管；监管体系

一 引言

2015年《国务院关于印发推进普惠金融发展规划（2016—2020）的通知》提及，普惠金融的概念最早由联合国于2005年提出，是指立足机会平等要求和商业可持续原则，以可负担的成本为有金融服务需求的社会各阶层和群体提供适当、有效的金融服务。普惠金融能够提供高质量的金融服务以满足大规模群体的金融需求（杜晓山，2006），其体现出的金融公平理念是对传统金融体系的反思和完善（焦瑾璞、陈瑾，2009）。因此，普惠金融的概念一经提出便受到国际社会高度关注，许多国家都制定了促进普惠金融发展的国

---

[*] 王慧，经济学博士，浙江树人学院经济与民生福祉学院讲师。

家战略规划。

普惠金融对中国经济增长方式的改变和可持续发展具有重要意义（王曙光、王东宾，2011）。近年来，全球经济形势日益复杂，中国也正处在转变发展方式、优化经济结构、转换增长动力的关键期。面对国内外经济金融运行的复杂局面，发展普惠金融成为中国经济社会发展的必然要求。2013年，党的十八届三中全会首次提出"发展普惠金融"。2016年国务院发布《推进普惠金融发展规划（2016—2020）》，将普惠金融上升为国家战略，为普惠金融发展初期的工作规划制定了明确的总框架。2020年以来，由于一些外部冲击，小微企业生存面临新的挑战，中央政府及各部门密集出台了一系列金融支持政策，积极引导中国普惠金融进入更高水平、更高质量的新发展阶段。2023年10月，国务院发布《关于推进普惠金融高质量发展的实施意见》（国发〔2023〕15号），明确将建设"高质量的普惠金融体系"作为未来五年普惠金融发展目标。2024年7月，党的二十届三中全会通过的《中共中央关于进一步全面深化改革 推进中国式现代化的决定》，对"完善城乡融合发展体制机制"作出系统部署，专门指出"完善强农惠农富农支持制度"，对普惠金融发展提出更高要求。

中国金融业以银行业为主导，以银行信贷等间接融资为主要融资方式，银行业金融机构在普惠金融发展中的作用至关重要[①]。但受金融制度安排、金融市场结构等多方面因素影响，中国银行业金融排斥现象仍然存在（何德旭、苗文龙，2015），且不同规模银行的业务特征和经营环境存在较大差异，因此，普惠金融的长远发展需要差异化监管的引导和支持[②]。针对银行业差异化监管，一些学者对相关问题进行了研究。Lacewell等（2002）通过对不同资产规模银行的业绩和财务状况分析，发现监管标准更加符合大银行发展特征，提出为促进不同规模银行公平发展，应实行差异化监管的观点。De Young等（2004）基于对美国社区银行的调查，对比了社区银行与大银行的业务发展情况，认为同一监管框架不利于社区银行发展，应采取差异化的银行监管制度。王婉婷（2012）通过对美国大、小银行差异化资本监管发展历程的分析，认为差异化监管有利于银行风险防范并缓解小银行的不利竞争局面，以促进整

---

① 本文探讨的银行业金融机构，指国有大型商业银行、股份制银行、城市商业银行、农村商业银行、农村信用社、农村合作银行、村镇银行等机构，不含民营银行与外资银行。

② 本文探讨的差异化监管，强调大银行和中小银行监管政策上的差异性。大银行指6家国有大型商业银行（工行、建行、中行、农行、交行、邮储）及股份制商业银行，中小银行指纳入监管机构范围的城市商业银行及农村中小银行（农村商业银行、农村信用社、农村合作银行、村镇银行等）。

个银行业的良性竞争。刘元和王亮亮（2012）提出在中国银行业同质化发展和市场错位的背景下，实行差异化监管能够促进银行的差异化发展，并改善金融资源错配现象。王冀等（2014）认为只有长期实行差异化监管，才能实现银行的差异化经营，但由于差异化监管的短期效果并不显著，容易造成监管者只关注短期现象而忽视长期趋势的"监管幻觉"现象，不利于中国差异化监管制度的发展。陈娟娟和侯娟（2015）通过构建银行监管的"无效区间指数"，发现有针对性的差异化监管的有效性显著高于同质化监管。史素英（2017）对中国现行差异化监管在法规和监管方式上存在的问题进行了全面论述，并结合美国差异化监管的先进经验提出完善中国监管政策的具体建议。还有一些学者针对农村中小银行的差异化监管进行了研究，张迎春和张璐（2012）、冯果和李安安（2013）提出应对农村中小银行的运营策略、市场准入及退出进行差异化监管，以满足农村金融的发展需要。范方志（2018）从监管目标、监管主体及对象、监管依据和规则、保障措施等方面分析了构建农村金融差异化监管的政策框架。王俊豪等（2022）基于中国银行小微信贷的实证分析，提出通过差异化监管能够更好地激励银行业普惠金融发展。可见，构建差异化的银行业监管体系对提升各类银行经营效率和普惠金融发展至关重要。2023年发布的《关于推进普惠金融高质量发展的实施意见》（国发〔2023〕15号）也强调了将"健全多层次普惠金融机构组织体系"作为普惠金融高质量发展的重要措施。

目前，针对中国银行业差异化监管的文献仍较少，现有文献多集中于探讨差异化监管的必要性、监管法规和监管方式改进等方面，缺乏对差异化监管体系的整体研究。中国银行业监管虽已逐渐体现出差异化的监管理念，但尚未形成系统性的差异化监管体系。因此，本文以促进银行业普惠金融可持续发展为目标，从监管理念、监管法规、监管机构、监管方式、考核制度五个方面，全面论述了银行业差异化监管存在的突出问题，并提出监管体系构建的具体政策建议。

二 普惠金融背景下银行业差异化监管的必要性

普惠金融旨在提升金融包容性，为更广泛的社会群体提供普遍性的金融服务。服务对象的广泛性、多样性决定了金融服务需求的差异化，差异化的金融需求需要差异化的金融供给来满足，而差异化的金融供给必然要求实行差异化的监管政策。作为普惠金融的供给主体，不同规模银行具有不同的职能和优势，在普惠金融发展中呈现不同的特点并发挥着不同的作用，因而需要构建差异化的监管体系激励不同规模银行开展普惠业务。此外，在银行业监管不断加强及金融科技快速发展的大市场环境下，不同规模银行发展的不均衡现象加剧，客观上要求实行差异化监管对银行业进行引导。

（一）不同规模银行特征差异的必然要求

为满足不同类型的企业和个人的金融需求，需要银行业金融机构发挥自身优势提供更加多元化、个性化的金融产品和服务，因此对不同规模的银行实行差异化监管是激发银行活力、促进普惠金融发展的必然要求。与中小银行相比，大银行不仅在规模上存在显著差别，而且在职能定位、产品及客户结构、行为偏好、专业能力和科技水平等方面也存在较大差异。

1. 大银行特征分析

多年来，中国银行业一直以大银行为主导，尽管随着中小银行的快速发展，银行业市场集中度有所下降，但仍没有改变大银行主导的市场格局。根据国家金融监管总局2019年以来的月度统计数据，6家国有大型银行和12家全国性股份制银行的资产总额占全部银行业金融机构资产总额的一半以上。大银行具有中小银行无法比拟的规模优势，因此能够为普惠金融发展提供雄厚的资金支持。此外，大银行经过自身长期发展并逐步完善，形成了一整套严格规范的贷前、贷中和贷后管理体系，并建立了相对完备的内部控制机制，风险管理能力较强，能够在支持普惠金融发展的同时，降低发生重大风险事件的可能性，在普惠金融发展进程中发挥着"稳定器"的作用。因此，为促进普惠金融稳定发展，充分发挥大银行规模优势及金融稳定作用，需引导大银行持续提升综合服务水平和风险防范能力，进一步接轨国际标准，形成与其规模水平相匹配的综合实力。

虽然大银行资金规模雄厚和风险管理能力强，但大银行在经济社会建设中具有特殊的战略职能和系统重要性，需要为大型项目和大型企业提供金融支持，因而要采取更加严格的风险防控措施，严守不发生系统性金融风险的底线，导致大银行难以实现金融服务下沉。而普惠金融的服务重点是小微企业、涉农及低收入群体，这些群体由于信息不对称，往往无法准确评估其经营状况和还款能力，普遍被认为是高风险的业务领域，难以满足大银行的审核条件，无法获得有效的资金支持。虽然近年来中国大力支持普惠金融发展，并通过一定程度的行政干预引导大银行服务普惠金融，大银行的支持力度得到不断加强，但大银行的普惠金融服务对象大多集中在担保措施较为完备、还款来源较为稳定的优质小微、涉农企业和个人，对缺乏担保措施和稳定资金来源的中小客户的金融支持仍十分有限,因而需要灵活性较强的中小银行来满足普惠金融薄弱领域的金融需求。

2. 中小银行特征分析

近年来,中国中小银行蓬勃发展,截至2023年已有3912家中小银行,成为普惠金融的主力军。中小银行自设立之初的职能定位就决定了其在普惠金融中的特殊重要性。中国城市商业银行由城市信用社改制而来,主要职能是服务地方经济发展,特别是为小微企业提供金融服务。农村商业银行已由最初的互助模式发展成为服务农村金融的主要金融机构。为进一步促进农村金融发展,自2006年起,在银监会的倡导下,村镇银行形式的金融机构开始设立并不断壮大,已成为机构数量最多、单体规模最小、服务客户最基层、支农支小特色最突出的"微小银行"。特殊的职能定位,决定了中小银行与最基层经济体的紧密联系,使其成为天然的普惠金融的服务者。中小银行是伴随着中国市场经济的发展不断成长起来的,特别是在普惠金融成为国家发展战略后,中小银行迎来了新的发展机遇。目前,中国城市及农村等区域性银行已遍布全国绝大多数的县域地区,特别是对偏远及欠发达地区的金融服务覆盖不断深化。虽然单个中小银行机构的规模体量无法与大银行相提并论,但数量众多的中小银行已成为中国基层组织结构最完整、与基层社会关系最密切的金融主体。特殊的职能定位、密切的基层组织结构使中小银行在普惠金融发展中扮演着不可或缺的角色。

中小银行特殊的职能定位和组织结构,使其在获取、识别中小客户"软信息"[①]方面具有优势,能够有效缓解由信息不对称造成的金融排斥现象。针对中小银行的信息优势,相关研究主要集中在小微企业融资方面,并形成了著名的"小银行优势"假说。这一假说认为小银行相比大银行更倾向于提供小企业贷款,这是因为大银行善于收集和处理公开信息以及运用标准化的贷款合约,在向信息透明度高的大中型企业发放贷款上具有优势,而小银行由于其地域性和本地经营等特征,在利用"软信息"向信息不透明的小企业发放关系型贷款上更有优势(Berger and Udell, 1995; Stein, 2002; Berger and Udell, 2002)。结合中国实际国情和国外相关理论,以林毅夫为代表的国内学者在比较优势理论的基础上,论证了中小银行在小企业贷款方面的优势(林毅夫、李永军,2001; 张捷,2002; 李志赟,2002)。此后,大量实证研究同

---

① "软信息"是指通过长期接触积累的、难以量化和传递的人格化信息,包括企业家能力、企业信誉、发展潜力等。

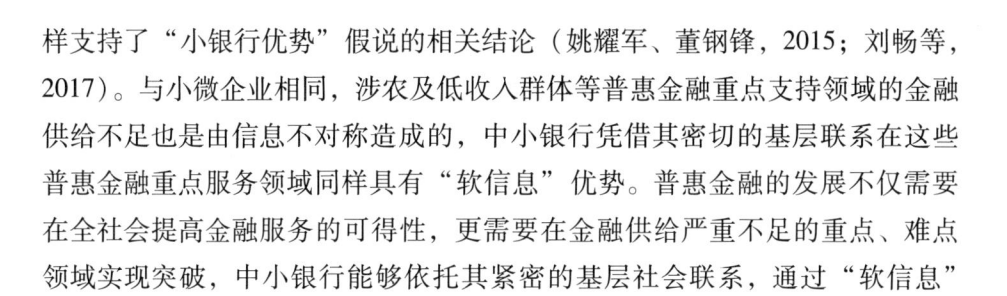

样支持了"小银行优势"假说的相关结论（姚耀军、董钢锋，2015；刘畅等，2017）。与小微企业相同，涉农及低收入群体等普惠金融重点支持领域的金融供给不足也是由信息不对称造成的，中小银行凭借其密切的基层联系在这些普惠金融重点服务领域同样具有"软信息"优势。普惠金融的发展不仅需要在全社会提高金融服务的可得性，更需要在金融供给严重不足的重点、难点领域实现突破，中小银行能够依托其紧密的基层社会联系，通过"软信息"优势提供更加灵活的金融服务，在普惠金融薄弱环节发挥着重要作用。

（二）市场环境新形势的客观需要

近年来，国内外经济形势复杂变化，银行业的发展面临着前所未有的挑战，其中以银行业监管的加强和金融科技的冲击最为深刻。不同规模银行在新的市场环境下也呈现不同的发展态势，这些变化深刻地影响着中国普惠金融的发展。为促使不同规模银行在新形势下适时调整、稳步发展，需要构建差异化监管体系予以引导。

1. "强监管"背景下的差异影响

当前，中国经济发展进入新常态，经济下行压力较大，银行业也在长期快速发展和金融风险不断积累后进入"强监管"的新时期。国际金融危机后，各国采取了更为严格的金融监管政策，2010年巴塞尔委员会的27个经济体的央行和银行业监管机构负责人通过了关于加强全球银行体系稳健性的《巴塞尔协议Ⅲ》。《巴塞尔协议Ⅲ》在原协议的基础上对银行提出了更高的资本要求，并配合以严格的流动性监管政策，以约束银行的过度风险承担行为。中国自2009年成为巴塞尔委员会成员方后，积极实施巴塞尔协议相关要求，并在《巴塞尔协议Ⅲ》发布后对中国监管政策进行了修改，提出了更加严格的监管标准。同时，伴随着中国银行业的飞速发展，银行业机构刚性兑付、期限错配、影子银行等风险不断积聚，金融服务"脱实向虚""金融空转"等问题日益凸显。为防范系统性金融风险的发生，银监会于2017年开启了银行业"三违法""三套利""四不当""十乱象"（以下简称"三三四十"）等系列整治工作。自此，中国银行业监管迎来了新一轮强监管时期。

然而，严格的监管会对银行发展普惠金融产生一定的负面影响，造成银行信用紧缩，从而大幅减少对风险较高的小微企业等中小客户的信贷供给（黄宪等，2005）。与大银行相比，中小银行资金规模较小且来源相对单一，对监管约束更加敏感（彭继增、吴玮，2014）。强监管压力下，中小银行面对比大银行更大的经营压力，迫使中小银行进一步减少普惠金融供给，难以发挥中小银行在服务中小客户上的比较优势。

2. 金融科技新趋势的差异影响

随着数字技术与银行业融合的不断深化，银行业数字化转型成为趋势，中国传统银行业金融供给的短缺、监管政策的包容以及数字技术的快速发展使金融科技得以迅猛发展（黄益平、黄卓，2018）。金融科技提高了金融服务效率，降低了服务成本，极大地缓解了信息不对称现象。2016年9月，G20杭州峰会上发布的GPFI白皮书将"利用数字技术向无法获得或缺乏金融服务的群体提供正规的金融服务"定义为数字普惠金融的概念，普惠金融进入数字化发展的新阶段。金融科技对破解普惠金融重点、难点问题的重要作用已成为银行业广泛共识，许多银行已将金融科技作为发展战略予以重点支持。

金融科技在赋能普惠金融发展的同时也带来了很多未知的、严峻的挑战。一方面，金融科技的发展需要依托强大的资金、人才和内部管理制度；另一方面，其也为银行业带来了巨大的风险，为银行业监管提出了新的要求。面对金融科技发展的新挑战，特别是人工智能等新兴数字变革的冲击下，大银行无论在资金实力、研发能力、机制转换，还是在应对、化解风险方面，都比中小银行更具有优势。根据《中小银行金融科技发展研究报告（2023）》的调研数据，已有多家国内大银行正式推出了基于人工智能通用大模型的应用，体现出强大的规模优势。而高达97.5%的受访中小银行表示人工智能等新技术对自身经营造成了挑战。大银行通过发展金融科技弥补了信息方面的短板，结合自身规模优势在普惠金融领域逐渐形成竞争优势，对中小银行优势业务形成了较大程度的挤压，中小银行客户流失现象严重。调研数据显示，超过78%的中小银行表示大银行业务下沉对中小银行普惠金融发展带来了显著冲击。面对金融科技对不同规模银行产生的差异化影响，为充分发挥金融科技的积极作用，进一步鼓励大银行金融科技深入发展，引导中小银行加快适应金融科技新趋势，需要配合以差异化监管政策。

除了银行业监管的加强和金融科技的冲击，日趋严峻的国内外经济环境造成中小银行的生存压力日趋增加，特别是在复杂外部因素的冲击下，小微、涉农企业等中小经营者生存艰难，无法如期偿还银行贷款的情况时有发生，造成银行业业绩大幅下滑。与大银行相比，以中小客户为主体的中小银行承受着更大的经营压力，实行差异化监管是保障中小银行积极应对发展困境的必然选择。此外，中国地区间和行业间金融发展不均衡、银行业同质化竞争严重等问题长期存在，银行业金融机构大多集中在东部经

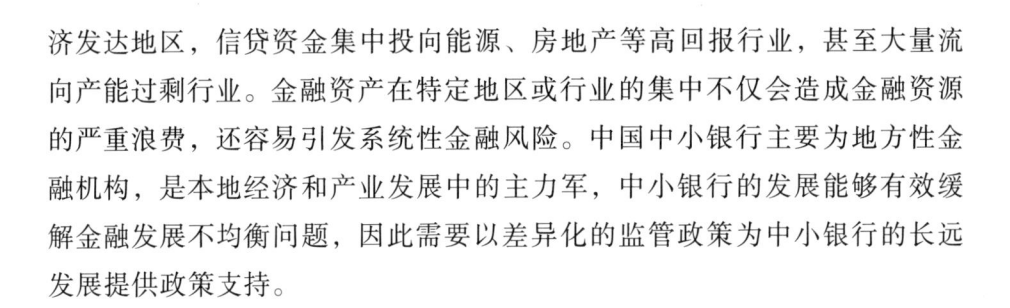

济发达地区，信贷资金集中投向能源、房地产等高回报行业，甚至大量流向产能过剩行业。金融资产在特定地区或行业的集中不仅会造成金融资源的严重浪费，还容易引发系统性金融风险。中国中小银行主要为地方性金融机构，是本地经济和产业发展中的主力军，中小银行的发展能够有效缓解金融发展不均衡问题，因此需要以差异化的监管政策为中小银行的长远发展提供政策支持。

三 银行业差异化监管待改进之处

根据以上分析可知，不同规模银行在普惠金融中具有不同的发展特征，面临着不同的生存压力。大银行在资金规模、科技水平、专业能力等方面优势显著，能够较好地应对外部因素的影响，且信贷供给受监管压力的影响相对较小。因此，对大银行的监管应更加关注其在普惠金融中的综合金融服务能力，并且为进一步发挥大银行金融稳定作用，防范系统性金融风险，应以系统重要性银行监管标准进一步加强大银行监管。而中小银行能够通过特有的基层关系有效获取、识别中小客户信息，在缓解最基层中小群体融资困境中发挥关键作用。但在日益严峻的经营环境下本就对监管压力更加敏感的中小银行面对着更大的生存压力，对普惠金融的服务能力大幅下降。因此，对中小银行应采取适度宽松的监管政策，给予更大的自由度，鼓励金融创新，以培养中小银行对中小客户的服务能力。同时，由于监管部门对小微、涉农等弱势群体信贷业务的监管较为宽松，且这类群体在中小银行客户中占比较高，客观上也要求对中小银行监管的适度放松。

综合以上分析，普惠金融背景下的银行业监管应采取差异化的监管政策。目前中国已逐渐加强针对不同规模银行的差异化监管，但相关政策仍较少，并主要集中在以资本充足率为核心的资本监管指标的差异上[①]，尚未形成完整的差异化监管政策体系，且现有监管政策并不适宜不同规模银行普惠金融的长远发展，具体表现为以下几个方面。

（一）监管理念缺乏基于差异化发展的战略性考量

中国现行的银行业监管政策，特别是在普惠金融的激励政策上，政策制

---

① 中国目前小微、涉农等特定领域的金融服务监管上体现出明显的差异性，如专营机构准入、风险资产权重调整、存贷比计算方式、不良率容忍度等。但这类政策的差异性是针对特定的业务类型，与本文探讨的针对不同规模银行特征的差异化监管在概念上有所不同。

定的出发点主要侧重改善金融发展痛点的需要,并非基于各类银行差异化发展战略转型的需要,仍处于"头疼医头,脚疼医脚"的监管模式。银行作为营利性机构,首要追求的是商业利益,只有通过差异化发展使其获得竞争优势,才能激发银行开展普惠金融业务的内生动力。缺乏差异化发展战略引导的监管政策,不仅不能切实解决中小群体融资需要,还会积累更多的金融风险,甚至可能对普惠金融发展产生一定的反作用。

当前,中国经济社会处在国际环境严峻、国内经济不确定性增加,加之公共卫生突发事件的冲击仍在恢复阶段,为普惠金融的发展带来了更多挑战。在复杂变化的市场环境下,银行业金融机构加快了发展战略和竞争策略的调整节奏,其中大银行更倾向基于长期规划和社会责任承担的主动调整。对于中小银行,特别是村镇银行等发展相对滞后、基础较为薄弱的小型银行,则更多的是竞争压力下的被动调整,甚至采取试错性的高风险经营策略。在这种情况下,监管政策的引导十分必要。但由于中国银行业监管理念缺乏对银行差异化发展的战略性考量,造成银行对自身差异化发展的信心不足,不利于普惠金融的可持续发展和金融风险防控。

(二)监管法规难以满足普惠金融差异化监管的需要

作为关乎国民经济命脉的重要行业,中国银行业的法律体系较为完备,目前已形成以《中华人民共和国商业银行法》、《中华人民共和国票据法》、《中华人民共和国银行业监督管理法》(以下简称《银行业监督管理法》)等法律,《储蓄管理条例》《中华人民共和国外汇管理条例》《金融机构撤销条例》等法规,《贷款通则》《金融机构管理规定》等规章为主体,各项司法解释为补充的多层次、覆盖各类机构和业务的法规体系框架。但在普惠金融监管方面,相关法规仍不充分,难以满足普惠金融发展和差异化监管的需要。现有银行业监管法规在立法理念上,主要基于银行业整体运行的安全性、稳定性,为规范行业发展、防范金融风险提供了有力的法律保障,但在普惠金融要求的包容性、差异性等方面的法律体现较少。具体来说,一方面,中国尚未出台引导普惠金融发展方向和监管体系构建的纲领性法律,造成普惠金融监管的法律依据不足(史素英,2017);另一方面,中国银行业监管法规虽然在诸多方面均体现出对不同规模、不同类型银行的差异性,但缺乏基于某类银行的整体性、综合性法律,碎片化现象较为严重。且现有的针对某类银行的监管法规以暂行办法或指导意见较多而法律较少,如《村镇银行管理暂行规定》《农村商业银行管理暂行规定》等,造成监管的权威性不高、有效性不足,难以满足不同规模银行的差异化监管需求。普惠金融是一个功能完整

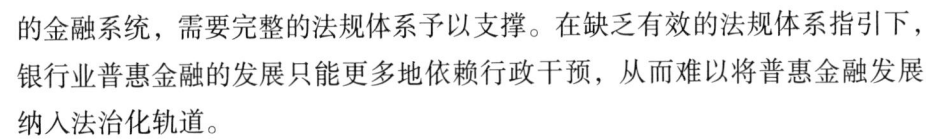

的金融系统，需要完整的法规体系予以支撑。在缺乏有效的法规体系指引下，银行业普惠金融的发展只能更多地依赖行政干预，从而难以将普惠金融发展纳入法治化轨道。

（三）监管机构独立性有待提升

监管机构体系是监管体系的核心要素，中国银行业监管机构体系几经改革，目前已形成"一委一行一局"的格局。其中中央金融委员"负责金融稳定和发展的顶层设计、统筹协调、整体推进、督促落实，研究审议金融领域重大政策、重大问题等"。中国人民银行作为货币政策的制定和执行机构，承担与金融稳定和货币政策相关的特定领域的监管职能。国家金融监督管理总局作为银行业监管专门机构，对银行业金融机构的经营管理实行全面监管。根据国内外关于监管机构理论研究和实践经验，相对独立性是监管机构设立与运行的重要原则（王俊豪、金暄暄，2020）。虽然中国已建立了组织架构较为完备的银行业监管机构体系，但仍存在监管机构相对独立性不足的问题，难以保证差异化监管政策制定的合理性和政策执行的有效性。

中国银行业监管机构独立性不足主要表现为监管职责不明确、不协调的问题。一方面，国家金融监督管理总局和中国人民银行都具有银行业监管职能，但二者在诸多方面存在监管职责重叠或冲突的情况，如数据报送重复、统计口径不一致、现场检查及应急处置权重叠等，加重了银行的成本负担，造成监管效率低下和监管资源的浪费，监管机构间的职责不清问题亟待解决。另一方面，中国人民银行侧重宏观审慎监管，国家金融监督管理总局则重点关注微观审慎监管，普惠金融的差异化监管体系既要求"因行施策"，又强调系统性金融风险的防控，因而需要以宏观审慎和微观审慎相结合的视角制定激励性的信贷政策。然而，中国人民银行将信贷政策作为货币政策的组成部分，负责银行业信贷政策的制定，但其并不介入微观层面的银行经营，在信贷政策的制定上难免缺乏微观现实基础。而国家金融监督管理总局掌握着大量银行层面的微观数据，对银行业的整体运行情况更加了解，但《银行业监督管理法》并未明确其行使信贷政策的职权，加之协调机制的缺乏，造成国家金融监督管理总局掌握的微观信息和监管经验难以为信贷政策的制定提供参考。

（四）监管方式成效有限

传统银行业监管主要包括市场准入监管、风险监管和价格/利率监管（王俊豪，2020）。在利率市场化改革不断深化的背景下，价格监管已不再是银行业监管的主要内容，因此，准入监管和风险监管成为银行业监管的主要方式。

1. 准入监管

为在普惠金融薄弱环节实现突破，银监会于 2006 年 12 月发布了《关于调整放宽农村地区银行业金融机构准入政策更好支持社会主义新农村建设的若干意见》（银监发〔2006〕90 号），对农村中小银行的市场准入采取了差异化的监管方式，放松了农村中小银行在准入资本范围、注册资本金额、投资人持股份额、业务准入条件与范围、董事及高级管理人员准入资格等方面的监管要求，并予以优先审批。此后，为进一步发展农村中小银行，相关部门出台了多项激励政策，如《村镇银行组建审批工作指引》（银监发〔2007〕8 号）、《关于进一步促进村镇银行健康发展的指导意见》（银监发〔2014〕46 号）、《农村中小银行机构行政许可事项实施办法》（中国银行保险监督管理委员会令 2019 年第 9 号）等，不断完善和丰富差异化准入监管方式，但实施效果差强人意。通过观察村镇银行的设立情况不难发现，大部分村镇银行并未真正设立在村镇，而是设立在县域行政中心所在地等经济发展较好的地区。由于机构的设立并未深入农村地区，无法建立与农村基层群众的密切关系，村镇银行在客户选择上更倾向农村大中型企业、收入稳定人群等优质客户，而农村小微企业和农户覆盖不到（张永亮，2017）。

与农村中小银行存在的问题类似，中国城市商业银行在机构设立和客户选择上也存在明显的现象。2009 年，中国曾放宽了城市商业银行跨区域设立分支机构的限制①，促进了城市商业银行分支机构的快速增长，但这一政策并未对普惠金融发展带来积极的促进作用。一方面，城市商业银行普遍将新设机构选择在经济发达地区，加剧了区域间金融发展的不均衡。另一方面，城市商业银行在进入新市场后，面临着更高的人力成本和经营压力，为实现短期盈利，城市商业银行的跨区经营快速演化为对大客户和优质客户的"争夺战"（何婧，2012），甚至不惜转移本地服务资源以投入新市场的竞争，不但未能促使城市商业银行在新市场发挥其服务普惠金融的积极作用，还削弱了对本地金融的服务能力，严重违背了监管部门放松准入监管的初衷。

基于上述情况，中国近年来加强了对中小银行跨区经营的监管，并强调中小银行服务本地经济的职能定位。2020 年 10 月，中国人民银行开始对《商业银行法（修改建议稿）》公开征求意见，明确提出"区域性商业银行应当在住所地范围内依法开展经营活动，未经批准，不得跨区域展业"。目前，关

---

① 银监会于 2009 年 4 月印发《关于中小商业银行分支机构市场准入政策的调整意见（试行）》（银监办发〔2009〕143 号），放松了对中小银行跨区设立分支机构的限制。该文件现已失效。

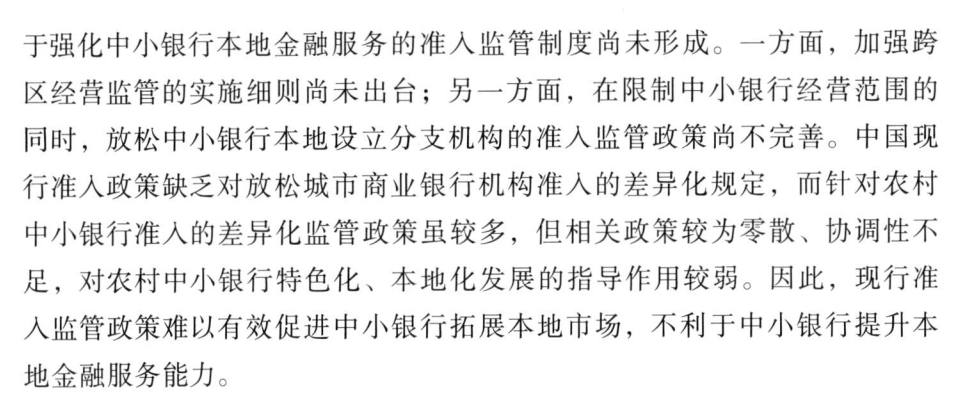

于强化中小银行本地金融服务的准入监管制度尚未形成。一方面，加强跨区经营监管的实施细则尚未出台；另一方面，在限制中小银行经营范围的同时，放松中小银行本地设立分支机构的准入监管政策尚不完善。中国现行准入政策缺乏对放松城市商业银行机构准入的差异化规定，而针对农村中小银行准入的差异化监管政策虽较多，但相关政策较为零散、协调性不足，对农村中小银行特色化、本地化发展的指导作用较弱。因此，现行准入监管政策难以有效促进中小银行拓展本地市场，不利于中小银行提升本地金融服务能力。

2. 风险监管

资本监管是银行风险监管的核心，作为资本监管国际标准的《巴塞尔协议Ⅲ》，首次提出对不同规模银行实行差异化资本监管。为接轨国际标准，银监会发布《商业银行资本管理办法（试行）》（中国银行业监督管理委员会令2012年第1号），对不同规模银行在资本充足率要求、计算方法、过渡期安排等方面提出了差异化要求，其目的是加强银行业整体的风险防控能力，特别是增强大银行抵御系统性金融风险能力，同时也为中小银行优化资本管理提供一定的调整空间。2020年12月，中国人民银行和银保监会联合发布《系统重要性银行评估办法》（银发〔2020〕289号），2021年4月，两部门又在此基础上发布了《重要性银行附加监管规定（试行）（征求意见稿）》，对具有系统重要性的大银行提出了更高的附加资本要求，并配合以杠杆率、流动性、大额风险暴露等附加监管指标。2023年11月，《商业银行资本管理办法》（国家金融监督管理总局令2023年第4号）正式发布，在2012年试行办法的基础上进一步明确了差异化资本监管体系，各类银行以资产规模为主要依据分为三档，采用差异化的资本监管方案。该办法的出台，从风险评估、资本规划、压力测试等方面提供了银行业差异化资本监管的思路，初步形成了差异化资本监管框架。然而，通过现有监管政策可以发现，目前中国银行业差异化资本监管仍主要体现在以资本充足率为核心的指标数量差异方面，缺乏对资本结构、资本补充等方面的关注，不利于银行的差异化发展和风险防范能力的提升。

受外部冲击和经济环境的影响，银行业整体盈利能力下降，一些银行资产质量出现下滑，特别是中小银行生存艰难，迫切需要改善资本结构、拓宽资本补充渠道，以提升风险抵御能力。当前，中国中小银行资本基础仍较为脆弱，根据中国人民银行发布的《中国金融稳定报告（2023）》，中国中小银行对资产质量恶化的抵御能力较弱。在样本中小银行的压力测试中，即使在低风险压力情景下，也有近30%的中小银行无法通过测试。强压力冲击测试下，则有超过65%的中小银行未能通过，风险压力下的资本充足率将低于监管红线。若不能有效提升中小银行资本的风险抵御能力，为达到资本监管要求，中小银行可能采取信贷收缩或不利于长期发展的资本补充策略，甚至是监管不易察觉的违规行为，对中小银行自身及普惠金融的长远发展带来不利影响。同样，对于大银行来说，虽然中国大银行整体运行情况较为稳定，但与国际上其他大银行相比，资本结构仍较为单一，制约了金融服务的综合性、多元化发展。并且在即将实施的系统重要性银行附加资本要求下，部分可能被纳入大银行，特别是一些股份制商业银行，将面临较大的资本补充压力，急需调整资本结构、进一步创新资本补充方式。因此，以资本数量监管为主的差异化监管政策已无法满足银行差异化发展的需要。

（五）考核制度仍需完善

为促使银行开展普惠金融业务，银监会制定了"三个不低于""两增两控""三个高于"等一系列明确的考核目标[①]，对普惠金融发展起到积极的促进作用。2015年以来，中国银行业小微、涉农贷款等普惠金融业务在短期内实现了快速增长。但这些考核政策主要以贷款余额及有贷户数的增速和增量为目标，并重点强调了增长的连续性。对于以中小客户为主的中小银行，普惠金融业务占比较高，难以维持高增长态势。同时，在普惠金融支持政策引导下，大银行加大了对中小客户普惠信贷投放力度，加快了对优质中小客户的抢占，使中小银行业务发展空间受到挤压，客户流失现象明显，中小银行面对的考核压力进一步加大。严格且缺乏缓冲措施的考核制度，容易打压中小银行业务发展的积极性，并引发银行采取消极应对的策略性行为。在实际操作中，银行为达到考核目标而将严格意义上不属于普惠金融范畴的业务纳入普惠金融考核范围的现象时有发生，一些银行甚至采取客户信息造假、违规放贷等恶劣行为，严重破坏了金融市场的竞争秩序。

为进一步强化小微企业金融服务，2020年6月，银保监会发布了《商业银行小微企业金融服务监管评价办法（试行）》（以下简称《评价办法》）。该办法以定量与定向并行、总量与结构并重、激励与约束并举为原则，从信贷

---

① "三个不低于"，即小微企业贷款增速不低于各项贷款平均增速，小微企业贷款户数不低于上年同期户数，小微企业申贷获得率不低于上年同期水平；"两增两控"，即单户授信总额1000万元以下（含）小微企业贷款同比增速不低于各项贷款同比增速，贷款户数不低于上年同期水平，合理控制小微企业贷款资产质量水平和贷款综合成本；"三个高于"，即涉农贷款增速高于贷款平均增速，增量和占比均高于上年。

投放情况、体制机制建设情况、重点监管政策落实情况、产品及服务创新情况、监督检查情况五个部分评价要素构建了小微金融监管评价体系。《评价办法》在考核指标设置上充分考虑了不同规模银行的差异性,对中小银行采取了更灵活、更简便的评价办法,同时为应对银行可能采取的策略性行为,特别加入了规范经营和数据质量方面的考核要素,为评价结果的有效性提供了保障。

虽然《评价办法》体现了不同规模银行考核上的差异性,但出于加强小微企业金融服务支持力度的目标,对中小银行考核的整体要求并未放松,与大银行相比,中小银行仍面临较大的考核压力。因此,在考核评价制度的后续完善上,应为中小银行提供更多灵活性的补救和缓冲措施,尽可能减轻中小银行考核压力。《评价办法》是中国普惠金融领域第一部系统性、综合性考核评价办法,兼顾了考核评价的客观性、全面性、差异性,它的发布实施对中国银行业监管考核制度的完善具有重大的指导意义。因此,为支持普惠金融可持续发展,监管机构应以此为参考,制定针对普惠金融整体的综合性考核评价制度。

四 构建银行业差异化监管体系的政策建议

(一) 形成差异化监管理念

构建差异化监管体系要根据不同银行的发展特征,以形成不同规模银行差异化发展战略为出发点。2019 年,银保监会印发《关于推动银行业和保险业高质量发展的指导意见》(银保监发〔2019〕52 号),明确了各类银行的差异化市场定位,强调了大银行金融服务的综合性,要在"做强"上下功夫,并对城商行和农村中小银行在促进地方经济、支农支小等普惠金融服务方面提出了具体要求。2023 年,中央金融工作会议同样提出了"完善机构定位",强调了强化组织结构的差异性,为实现金融机构错位竞争、特色发展提供了政策指导。因此,为支持银行业差异化发展战略转型,应进一步强化差异化监管理念。激励中小银行充分发挥服务本地中小客户优势,向零售型、科技型金融机构转型,为中小银行适应新形势发展、提高风险管理能力、创新产品和服务提供更大发展空间。而对大银行的监管应更加强调其系统重要性,对标国际标准,建立与大银行相适应的系统重要性银行监管体系,为普惠金融的发展提供更为坚实的保障。

(二) 完善监管法规与监管机构建设

监管法规方面,一是制定促进普惠金融的专项法规或对现有法规进行补充修改,将提高金融包容性纳入法治化轨道。同时,为避免以法律强制性过度干预银行自主决策，并兼顾审慎监管要求，法规制定应注重将积极的正向激励与对歧视性信贷行为的严格禁止相结合。二是以出台专门性法律形式，加强针对不同规模、类型银行的综合性立法，如城市商业银行法、农村商业法、村镇银行法等。同时，对于大银行需进一步完善系统重要性银行相关立法，在《系统重要性银行评估办法》的基础上，建立对标国际标准的系统重要性银行监管法规体系。

监管机构方面，应以法律形式进一步明确监管机构地位与职能。中国监管机构的设置和职能配置是由国务院的"三定方案"确定的，缺乏明确的法律依据，这是造成监管机构间职责不清、协调不力的主要原因（王俊豪、李阳，2020）。无论是专司银行业监管的国家金融监督管理总局，还是承担监管协调职能的中央金融委员会，在机构设立与职责划分上都缺乏相应的立法支持。因此，应通过立法的形式进一步明确和细化监管机构间的分工协作关系。

（三）创新监管方式

市场准入方面，应在继续放松中小银行机构准入的同时，建立区域性中小银行本地经营的激励与约束机制，不断深化"低门槛、严监管"的差异化准入监管方式。中小银行对中小客户的服务能力依赖建立密切的基层联系，引导中小银行深耕本地市场、提升本地金融服务能力，以便能够更好地促进中小银行差异化发展、提升普惠金融服务能力。因此，对于农村中小银行，应以加强支农支小职能定位为重点，继续完善农村中小银行差异化准入政策，如限制新设机构所在地的行政级别、根据信贷客户结构调整新增机构计划审批等。对于城商行等其他中小银行，应着手制定相应的差异化准入监管政策，特别是放松区域性中小银行设立本地分支机构的准入条件，从而为中小银行拓展本地市场、形成完整的服务网络提供政策支持。

风险监管方面，一是以资本补充和资本结构为切入点，对差异化资本监管进行补充完善。对于中小银行，应以激励外部资本补充为重点，形成中小银行资本良性发展的长效机制。2020年以来，国家大力支持对中小银行的资本补充，多次出台政策文件对相关工作作出明确要求[①]。当前，以相关政策为导向，中小银行资本补充主要以政府为主体，以地方政府专项债为主要形式，未来仍需通过多种激励方式，引导民间资本等各类市场主体以优先股、可转

---

① 2020年上半年，银保监会联合五部委下发《中小银行深化改革和补充资本工作方案》，7月1日，国务院常务委员会首次提出"允许地方政府专项债合理支持中小银行补充资本金"；2021年，政府工作报告再次提出"继续多渠道补充中小银行资本"；2024年，中国人民银行货币政策委员会第二季度例会指出"推动中小银行聚焦主责主业，支持银行补充资本"。

债等不同形式补充中小银行资本。而对于大银行，应以鼓励资本工具创新、提高资本的内部补充能力为重点，放松资本工具创新的监管约束，积极引导大银行资本结构优化，以促进综合性、多元化发展。二是在差异化监管的基础上，建立动态调整的风险监测体系。针对不同规模银行风险特征，分别设置专项风险监测指标并制订风险应急预案，并通过完善信息披露制度对风险监测体系进行松紧适度、周期合理的动态调整，在审慎监管的基础上尽可能为银行提供更大的自主决策空间。同时，可探索建立与风险监测结果联动的差异化、动态化存款保险制度，在保障流动性的同时进一步减轻银行支付压力。

（四）建立普惠金融综合性考核评价制度

为深化普惠金融发展，进一步强化银行对普惠金融的支持力度，应建立普惠金融综合性考核评价制度。目前，普惠金融的业务范围尚未形成统一的规范，各家银行在普惠金融考核范围和标准上也不尽相同，难以全面、准确地反映银行业普惠金融整体运行情况，需要制定综合性考核制度对普惠金融业务范围和评价标准进行统一规范。

在考核制度的设计上，一是要以服务银行差异化发展战略和提升公司治理水平为出发点，充分体现不同规模银行普惠金融发展的差异性。在考核指标设置和计算方式等方面，探索更多针对中小银行的灵活性制度安排，为中小银行提供更大的缓冲空间。二是应建立考核制度的动态调整机制，结合宏观经济形势、普惠金融发展水平以及银行业务发展差异化程度等因素，对考核指标进行定期调整，并制订应对突发事件的备选方案，以考核调整的方式帮助银行，特别是中小银行，建立长远发展和应对危机的信心。此外，由于普惠金融的服务对象是中小群体，应在普惠金融考核评价制度中引入公众评价，监管机构应完善信息公开制度并拓宽公众意见反馈渠道，以公众力量形成舆论监督压力，督促银行提供普惠金融服务。三是在考核结果的运用上，应强调考核结果与差异化监管政策的有效联动。特别是在中小银行考核结果的运用上，应给予更多正向激励。对考核结果较好的中小银行可考虑在下一轮考核中适当放松考核要求，减轻中小银行应对连续增长要求的考核压力，同时减少现场检查的次数。对考核结果不理想的中小银行，监管机构应以加强督导整改为主，以惩罚约束为辅，对其改进经营策略进行重点引导。

（五）健全差异化监管配套制度

构建普惠金融的差异化监管体系，不仅需要银行业监管政策的支持，还需要其他相关制度的协同配合。

第一,应尽快制定激励金融科技发展的监管制度,充分利用金融科技对解决信息不对称的积极作用,促进金融科技与普惠金融的深度融合。中国金融科技的发展具有促进金融普惠的显著特征,但金融科技跨行业、跨区域融合的发展特点也为监管带来巨大挑战,无法单独依靠金融监管实现对金融科技的有效监管,需打破传统金融监管的机构监管模式,尽快建立以职能监管为导向、多部门协调配合的金融科技监管的长效机制。同时,虽然近年来中国各类银行不断加强金融科技投入,但目前中国金融科技仍是由大型科技公司主导,银行资源尚未在金融科技领域得到充分利用。因此,监管部门应加强对银行发展金融科技的激励引导。一方面,积极促进大银行充分发挥其资金、专业和技术实力,进一步整合完善自身金融科技平台建设,形成数据资源的新规模优势,持续提升普惠金融综合服务能力。另一方面,加大对中小银行与金融科技公司合作的支持力度,借助科技公司的专业能力弥补中小银行研发投入不足的"短板",促进中小银行加快适应金融科技发展新趋势,逐步形成与自身能力和需求相适应的金融科技发展模式。

第二,应加快完善信用体系建设。信息不对称是普惠金融供给不足的主要原因,完善信用体系建设既是提升银行金融服务安全性的基础保障,也是营造良好金融市场信用环境的必然要求。小微企业和涉农群体作为普惠金融的主要服务对象,也是信用体系建设的重点环节。相关部门一方面应加快完善小微、涉农企业以及农户的信用档案建设。另一方面应建立服务中小群体的信用担保体系,为中小群体增信提供更多的有效途径,以加强"征信"与"增信"并重的方式,进一步发挥信用体系在提升银行服务普惠金融积极性和提高监管机构监管能力方面的基础性作用。

第三,应加强银行业差异化监管政策与财政政策、货币政策在普惠金融领域的协同配合。2015年以来,为支持普惠金融发展,中央政府与有关部门充分利用税收优惠等财政政策工具以及差异化准备金率、专项再贷款等货币政策工具,积极引导银行开展普惠金融业务。财政政策与货币政策对普惠金融的支持,为银行业普惠金融发展营造了良好的外部环境,使差异化监管政策发挥出更大的激励作用。因此,银行业监管机构与财政部、税务总局等相关职能部门需建立协调联动机制,进一步加强货币、财政政策与银行业监管的协同配合,不断促进存款准备金率、财政补贴、税收等政策工具的创新和应用。

参考文献

陈娟娟、侯娟:《商业银行同质化监管和差异化监管效果的对比研究——基于

"无效区间指数"》,《上海金融》2015 年第 6 期。

杜晓山:《小额信贷的发展与普惠性金融体系框架》,《中国农村经济》2006 年第 8 期。

范方志:《乡村振兴战略背景下农村金融差异化监管体系构建研究》,《中央财经大学学报》2018 年第 11 期。

冯果、李安安:《包容性监管理念的提出及其正当性分析——以农村金融监管为中心》,《江淮论坛》2013 年第 1 期。

何德旭、苗文龙:《金融排斥、金融包容与中国普惠金融制度的构建》,《财贸经济》2015 年第 3 期。

何婧:《中美中小银行比较研究》,博士学位论文,湖南大学,2012 年。

黄宪等:《资本充足率监管下银行信贷风险偏好与选择分析》,《金融研究》2005 年第 7 期。

黄益平、黄卓:《中国的数字金融发展：现在与未来》,《经济学（季刊）》2018 年第 4 期。

焦瑾璞、陈瑾:《建设中国普惠金融体系——提供全民享受现代金融服务的机会和途径》,中国金融出版社 2009 年版。

李志赟:《银行结构与中小企业融资》,《经济研究》2002 年第 6 期。

林毅夫、李永军:《中小金融机构发展与中小企业融资》,《经济研究》2001 年第 1 期。

刘畅等:《中小金融机构与中小企业贷款》,《经济研究》2017 年第 8 期。

刘元、王亮亮:《银行差异化发展与差异化监管》,《中国金融》2012 年第 10 期。

彭继增、吴玮:《资本监管与银行贷款结构——基于我国商业银行的经验研究》,《金融研究》2014 年第 3 期。

史素英:《共享发展理念下普惠金融差异化监管问题研究》,《中财法律评论》2017 年第 00 期。

王俊豪主编:《管制经济学原理》（第二版），高等教育出版社 2020 年版。

王俊豪等:《资本监管、银行规模与小微信贷激励》,《经济学家》2022 年第 8 期。

王俊豪、金暄暄:《中国能源监管体制深化改革研究》,《经济学家》2020 年第 9 期。

王俊豪、李阳:《中国特色政府监管机构理论体系及其改革思路》,《中国行政管理》2020 年第 10 期。

王曙光、王东宾：《双重二元金融结构、农户信贷需求与农村金融改革——基于 11 省 14 县市的田野调查》，《财贸经济》2011 年第 5 期。

王婉婷：《美国大、小商业银行资本监管差异化分析》，《财经科学》2012 年第 10 期。

王冀等：《银行业同质化经营、分类监管改革与"监管幻觉"》，《金融经济学研究》2014 年第 5 期。

姚耀军、董钢锋：《中小企业融资约束缓解：金融发展水平重要抑或金融结构重要？——来自中小企业板上市公司的经验证据》，《金融研究》2015 年第 4 期。

张捷：《中小企业的关系型借贷与银行组织结构》，《经济研究》2002 年第 6 期。

张迎春、张璐：《农村中小金融机构差别监管的内在机理：由村镇银行生发》，《改革》2012 年第 5 期。

张永亮：《村镇银行市场准入法律制度之检讨与重构》，《法商研究》2017 年第 1 期。

Berger A. N., Udell G. F., "Relationship Lending and Lines of Credit in Small Firm Finance", *Journal of Business*, Vol. 68, No. 3, 1995.

Berger A. N., Udell G. F., "Small Business Credit Availability and Relationship Lending: The Importance of Bank Organizational Structure", *The Economic Journal*, Vol. 112, No. 477, 2002.

De Young R., et al., "The Past, Present, and Probable Future for Community Banks", *Journal of Financial Services Research*, No. 25, 2004.

Lacewell S. K., et al., "An Analysis of Alternative Profit Efficiency Scores and Financial Ratios: Does Bank Size Matter?", *Journal of Commercial Banking and Finance*, Vol. 1, 2002.

Stein J. C., "Information Production and Capital Allocation: Decentralized versus Hierarchical Firms", *The Journal of Finance*, Vol. 57, No. 5, 2002.

推进企业"数据资产"交易下的税收精准监管研究

王鲁宁[*]

摘　要　在数字经济重构全球产业格局的背景下,"数据"已经成为企业重要的战略资源,尤其是近年来,随着数字经济的快速发展,很多国家都在广泛地利用税收促进数字经济产业发展和技术进步。随着企业经济活动的扩大,数据资产作为企业一项重要的生产要素和交易项目,为企业扩大收益规模,实现经济高质量发展提供了无限可能,同时也成为促进形成新质生产力的重要路径。然而,随着企业数字化转型程度的不断深化,围绕企业"数据资产"交易税收监管呈现与传统税收监管模式不适应的问题。因此,如何更好地发挥税收对企业"数据资产"交易投资的合规引导,需要从理论层面探讨税收对企业"数据资产"交易的影响。目前,围绕企业数字化转型、发展数字经济等领域的税收政策主要体现在相关行业的税收优惠政策中,而规范该领域"数据资产"交易的税收监管政策尚不突出。本文通过研究税收对企业"数据资产"投资交易的影响机制,提出对企业"数据资产"交易的经济行为应该采取差异化的税收政策,以激励、引导具有不同收益水平"数据资产"交易的投资行为,并在此基础上进一步规范数字经济的监管机制,特别是通过对企业"数据资产"交易的合规性引导,提出构建"一体化"的税收精准监管体系,进而防范企业在"数据资产"交易过程中存在的局部垄断行为。

关键词　数据资产；投资交易；精准监管；税收政策

---

[*] 王鲁宁,上海财经大学税收学博士,上海国家会计学院博士后,国家税务总局税务干部学院副教授。

一 研究背景

数字经济已经成为重构产业格局的关键力量，成为构建中国新发展格局的重要支撑和现代化经济体系的重要引擎。近年来，党中央、国务院高度重视数字经济发展，出台多个规划和政策文件，对发展数字经济作出一系列重要决策部署，并将其上升为国家战略，尤其是提出要适应数字经济发展规律，建立健全有关监管规则制度，推动实现数字经济高质量发展。2022年提出"要规范数字经济发展"，并在年底中央经济工作会议进一步提出"要提升常态化监管水平，支持数字经济企业在引领发展、创造就业、国际竞争中大显身手"；为更好地引导数字经济发展，2022年12月，中共中央、国务院印发的《关于构建数据基础制度更好发挥数据要素作用的意见》（以下简称"数据二十条"）提出，数据要素是数字经济的基础，并已经成为继劳动力、资本、土地、技术之后的第五大生产要素，"数据二十条"是中国首部从生产要素高度系统部署数据要素价值释放的国家专项政策文件，充分诠释了数据要素在国民经济发展中的重要意义。此外，2023年财政部印发了《企业数据资源相关会计处理暂行规定》（财会〔2023〕11号，以下简称《暂行规定》）等相关文件，规定了企业数据资产交易的有关事项，进一步规范了数据资产作为生产要素在交易环节的价值确认等问题。《"数据要素×"三年行动计划（2024—2026）》将数据要素作为资产正式写入财务报表，数据资产的价值得到空间释放，企业的发展模式迎来新的变局。以上制度设计为规范企业数据资产交易投资，创新了相关机制，并为下一步实现企业数据资产交易的税收监管提供了政策依据。

此外，为更好地落实2021年中共中央办公厅、国务院办公厅《关于进一步深化税收征管改革的意见》中提出的构建精准监管新体系的目标和要求，国家税务总局提出要根据企业数字化转型带来的业务创新内容，构建"规则管理、网格管理、数据治理"相结合的"数据+规则"驱动、网格化服务管理机制的税收监管体系。目前，围绕企业数字化转型与智能化驱动实践，伴随着流程自动化、规则引擎、人工智能AI等新技术的创新应用，税务机关也在探索形成"实体+虚拟"的税收监管机制，创新智慧监管在税收监管领域的运用。此外，依托"数电票"的推广应用，税务部门强化了企业数据资产交易的税源管理，通过对现行税收法律制度加以完善，以推动构建"以数治税"下的智慧税务为抓手，提出要求完善数字经济领域税收监管制度。以上种种

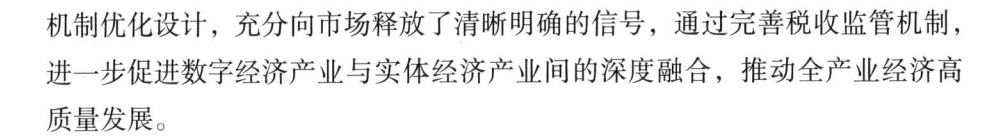

机制优化设计,充分向市场释放了清晰明确的信号,通过完善税收监管机制,进一步促进数字经济产业与实体经济产业间的深度融合,推动全产业经济高质量发展。

二 中国数字经济及数据要素发展现状

在2021年底中央经济工作会议在部署"着力推动高质量发展"的重点任务中,明确提出"要大力发展数字经济"。经济的数字化程度不断加快加深,使数字经济成为经济高质量发展的新动力,中国信息通信研究院发布的《中国数字经济发展白皮书(2023)》显示,截至2022年底中国数字经济规模达到50.2万亿元,占GDP的比重为41.5%,按照可比口径计算,同比名义增长10.3%,已经连续11年显著高于GDP的名义增速,数字经济占GDP的比重越来越高,且其创造的价值越来越大,全国已有11个省域数字经济规模超过万亿元,其中数字产业化规模达到了9.2万亿元,产业数字化规模达到了41.0万亿元,"三、二、一产业"的数字化渗透率分别为44.7%、24.0%和10.5%,产业数字化转型进程加快,同时伴随着数字技术迭代升级,各大产业产生的数据要素也呈现集约化的特点,展现出巨大的发展潜力。

"数据二十条"目标中提出要加快形成数据要素大市场,因此畅通数据资源大循环的方向愈加明确。有资料显示:截至2023年8月,中国已经有27个省份设置了专门的省级大数据宏观类机构,有效推动了数据资源整合和开发利用效率与效益的提升。此外,通过将数据要素的产业聚集、流通交易、数据驱动作为经济高质量发展的重要抓手,进而形成新质生产力,也是当前围绕数字经济,推动数据要素发展的新赛道。目前,中国网民规模超过10亿,互联网普及率接近90%,尤其是智能终端的普及,为数据资源集约化运营奠定了基础。此外,2020年以来新冠疫情及新一代的数字技术加速了数字经济的发展,更多的线上交易产生的经济数据急剧扩张,波士顿公司发布的咨询报告显示:2020年以来平台经济消费增长超过了50%,新型平台用户规模增长超过两倍,2023年,以ChatGPT等为代表的AIGC技术应用火遍全球,大模型技术取得的突破使人工智能技术发生了深刻变化,而这个突破离不开高质量数据的发展,可以预计,数据已经成为未来人工智能等新一代数字经济领域竞争的关键要素,而且人工智能技术的发展驱动要素市场需求爆发,自2018年以来,大语言模型训练使用的数据集规模持续增长,2018年GPT-1数据集约为4.6GB,2020年GPT-3数据集达到了753GB,到2021年Gopher数据集已经达到 1.06 万 GB，2023 年 GPT-4 的数据量更是 GPT-3 的数十倍以上（张纪元、潘波，2023）。除公开数据集、合作数据分享、大规模网络数据以及通过数据众包等方式获取的数据外，近年来通过数据资源要素交易获得的众多数据集也成为高质量数据集合的重要来源。《2023 年中国数据交易市场研究分析报告》显示，2022 年中国数据交易行业市场规模为 876.8 亿元，占全球数据市场交易规模的 13.4%，占亚洲数据市场交易规模的 66.5%。由此可见，未来中国的数据要素市场规模将不断提升，2016 年以来年均增长率达到 70%以上，已经进入了高速发展阶段，据国家工业信息安全发展研究中心统计，2022 年中国数据要素市场规模达 904 亿元，未来这一规模还将会持续增长，预计在"十四五"时期的复合增速将超过 25%，如图 1 所示。

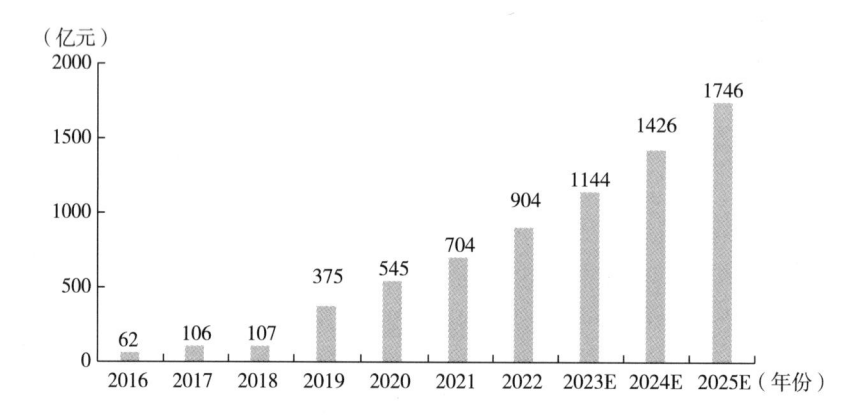

图 1　中国数据要素市场规模（不含数据应用）

图 1 预测显示，截至 2025 年中国数据要素市场规模将会提升至 1746 亿元，几乎达到 2022 年的两倍。此外，从最新产业数据价值化发展来看，2022 年农业数据贡献度仅为 0.32%、工业为 0.65%、服务业为 1.69%，数据价值化发展存在贡献度较低的难题，究其原因，2022 年中国大部分企业尚未参与数据交易流通，且在参与交易流通的企业中，约有 87.67%的企业购买数据，仅有 33.32%的企业出售数据，数据供不应求。由此可见，未来数据交易创造产值将会成为企业数字化转型的重要特征，而且随着企业数据资产交易规模越来越大，其带来的收益也越来越显著，将进一步加速中国经济社会的数字化转型（李晓红，2020）。

三 企业"数据资产"交易的理论分析

数据（Data）是以电子或其他方式对信息的记录。数据的价值本质就是其中所蕴含的信息，而信息是一种在认知层面降低未来不确定性的重要经济来源（Farboodi and Veldkamp，2021；Stigler，1961）。在互联网和数字创新时代，资产的概念已经远远超过了物理领域，数据资产是无形的，但具有巨大的价值，通常以数字、代码或加密代币的形式体现，具有独特性、稀缺性的特点，以及通过区块链技术安全拥有或转让的能力。此外，数据资产常以数字方式创建和存储并可识别和可发现的，且可以是具有或提供价值的任何东西，包括照片、手稿、文档、数据、加密货币等（Jake Frankenfiele，2023）。

（一）"数据资产"的价值性分析

从数字经济发展的历程来看，大数据时代代表着作为生产要素的数据价值不断被认知并挖掘出来，成为衡量品牌价值、企业形象的重要指标。数字化转型是数据资产化的重要推动和制约因素，数据驱动的企业数字化转型既代表着新产业、新业态、新模式的最新发展，也体现了数字经济以产业数字化和数字产业化为双引擎的产业演变进程。而数据资产价值提升主要围绕着数据从资源到资产再到资本三个维度进行演进。其中，第一个维度是数据产生过程，即产业数字化。通过管理模型将相关产业各类经济交易的信息整合成各类。第二个维度是数据应用过程，即数据产业化。通过应用模型将产业数据深度挖掘，利用各类数据应用。第三个维度是将数据价值聚合，即数据资产化。数据价值的增强是与数据供给和需求的提升，即交易的频次密不可分，数据资产化使数据价值呈急剧增长态势，必然会反向要求加速推进数据资产化进程，再通过价值模型将数据应用转化形成数据资产，进而上市交易，体现数据资产的时间价值。数据资源通过实体经济数据治理形成数据产品，再通过金融评估体系形成数据资产的系统性升级，其中通过政府平台和数据资产方共同搭建一个全新的数据资产交易平台，对数据资源归属、数据确权合规、数据质量评价、数据价值评估、数据资产登记及会计处理等作出明确制度安排，也可以借助《国民经济行业分类》（GB/T 4754—2019）、《信息技术 大数据 数据分类指南》（GB/T 38667—2020）等已有的管理制度，对相关项目进行细化管理，例如：对数据资产化治理可以通过交易合规性，针对数据确权需求进行的数据化治理；将非结构化的数据进行结构化，以此开发数据的价值潜力。随着《暂行规定》明确规定数据作为企业一项资产形式要计入企业的财务报表，并可以构成企业交易或投资的对象，数据资产变得越来越关键，同时也对企业和政府收入获取至关重要。长期以来，数据资产一直被认为是具有所有权的无形数字资产，尤其是大多数数字项目，然而有些数字资产不光具有无形价值，本身其可能具有时间价值，只有成为商品，并且上市交易，数据资产才会对社会各方成员产生价值，即有可能产生社会价值。

正如上文所述，数据资产是任何具有价值、建立所有权并且可发现的数字化资产。对应着会计准则中资产"经济利益有可能流入企业"的判断条件。毫无疑问，数据资产的本质依然是资产，它指的是以数据为主要内容和服务的、满足资产确认条件的数据资源。既然被视为资产，首先就必须有创造价值的潜力，然后数据资产应该通过购买、赠送或其他将权利授予他人的方式转移所有权，以及由该资产交易所产生的附加值，也可以被当作数字化知识产权的一种形式。因此，数据资产交易（转让）会带来额外的增加值和复杂性，尤其是当代表标的资产的全部或部分所有权的记录和信息的转移是以数字的方式发生的，通过区块链技术允许各方之间高效、直接地转移数字资产，包括使用该资产的权利。随着数字经济的不断发展，数据资产已经变得非常重要，因此数字资产管理（Digital Asset Management，DAM）服务提供商应运而生，DAM 为企业提供数字安全，并使其安全地存储、组织和快速交易其数字资产，并且其本身提供的数字化服务也属于数字经济的重要方面。鉴于数据资产作为资产的特殊性存在，其具有一般资产的可交易性。

（二）"数据资产"交易的"可税性"分析

根据当前的税法，无论其来源如何，任何收入都理应被纳入征税范围。因此，数字资产交易就像涉及用金钱换取商品或服务的"传统"交易一样应纳税。例如，美国国内收入署将数字资产视为财产，适用于财产交易的一般税收原则将适用于涉及数字资产的交易；欧盟有些国家相继开征了数字服务税，用于征收数字资产交易下增值额所带来的税收。至于数字资产交易如何征税？一般来说，进行数字资产交易（包括购买、出售或交换数字资产）的个人将数字资产作为资本资产持有，出售或交换会导致资本收益或资本损失，因此一般将数字资产交易征税划为资本收益税。此外，提供数字服务的一方如果将数字资产作为商品或服务提供给购买方，从而获得了收入，还要按照现有税法的规定缴纳增值税和所得税。

随着数字人民币的普及，如果以数字人民币作为补偿而收到的数字资产被视为与工资相同，并为接收者带来普通收入，然后接收者将数字资产作为资本资产持有，从而交纳个人所得税。尽管目前没有专门管理数据资产的税收法规，但对数据资产的征税是真实存在的，现有的规则应用于这种新型资产管理的购买、销售、支付和投资等行为，例如：企业在销售其掌握的数据资产时，依据数据资产交易许可证制度，也会按照数据资产的市场公允价值对其进行定价，以此开展有关的成本费用核算，税务部门对其开展数据资产评估和有关价值的确认与计量，并对其交易产生的收益或损失进行税收征管。

四 税收对促进"数据资产"投资交易的影响性分析

税收经济学理论告诉我们，税收参与到企业的投资、交易等管理活动中，是通过对企业的投资、交易的税后收益与其经济风险的内在逻辑产生影响的。在目前经济发展越来越依靠技术进步，以及企业对技术进步的推动作用日益巨大的背景下，如何推动中国企业加大推动技术进步投入，有效提升数据生产要素生产力水平的问题显得尤为重要。主流观点认为，税收对科技创新的影响是通过对相关企业实施制定研发费用加计扣除、企业所得税低税率、个人所得税减免等税收优惠政策参与激励制定促进科技发展的。同样，在数据资产要素生产力引领下的数字技术进步是科技创新的重要体现，这也是当下提升产业结构的必由之路。

（一）本文观点的提出

目前，在加强企业数据库建设等领域进行投资，是实现企业数字化转型及进一步实现未来数据资产要素化、资产化的重要路径，因此在完善企业数据资产交易的税收制度方面，亟须进一步探讨税收优惠对企业创新投入、风险投资、生产要素交易等领域影响成效的问题；在相关领域实施的各项税收优惠政策，其激励路径是如何实现的问题；考虑税收优惠对企业投资的影响，如果对激励企业数据资产的投资交易行为征税及实施优惠政策是否会影响其数字化转型效果的问题。基于上述问题，本文分析企业所得税对企业数字经济投资行为，包括通过数据资产交易投资的影响税收优惠对企业数字化转型投资及其数据资产交易行为产生的激励性影响。

微观税收经济理论告诉我们，纯粹考虑税收对企业投资的影响，是通过两个维度产生影响力的。一个维度是从国家层面的投资所需要的资金视角，该资金主要来自财政收入所形成的政府性投资，即国家储蓄，而其本身就是由税收收入构成的，政府性资金在有针对性地实施重点领域的投资行为时，关注的还是宏观政策引领，即国家治理及相关产业的发展需求；另一个维度是从企业微观层面来说，通过引导企业（私人）储蓄转化为企业投资，即通过金融部门产生的贷款等经营性投融资行为，将民间资本对相关企业进行投资。从资金的来源看，无论是私人储蓄还是国家储蓄，转化为投资形成资本均取决于投资收益的预期而产生的资本需求。

因此，税收对企业数字化转型的投资行为影响主要是通过对其经济行为投资预期收益率变化而产生的，而税收通过影响储蓄转化为影响投资意愿，其中又包括对投资成本的影响和对投资收益的影响。一般来说，直接影响收益的是企业所得税，显然，对企业数字化转型过程中的投资行为，即投资资本的边际收入征收企业所得税将导致投资的边际收入下降，从而影响该投资行为。如果采取税收优惠政策，降低投资成本、提高资本收益率，则可激励投资，就目前企业所得税对相关产业的税收激励措施而言，主要包括税收减免、税率优惠、加速折旧，以及研发费用加计扣除等，其中固定资产加速折旧以及相关研发费用加计扣除等措施，能明显降低企业投资的外部成本。有学者通过公式推导、理论分析得出结论：税收减免是影响投资的重要因素，特别是一系列税式支出的优惠政策会直接减少对投资资本收益的征税，使资本的净收益率提高，对投资有激励作用。

此外，从市场经济学原理中得知，有收益就有风险，税收学原理也告诉我们，税收除直接影响投资收益外，还能导致投资风险的扭曲。因此，从税收影响企业投资预期的角度，还要分析对其风险的影响。针对企业数字化转型中的风险投资问题，当前学术界提出了如下论断：一是从数字技术到数字经济产业，0—1的突破中最核心、最市场化的力量，是风险投资。二是要改善数字经济发展的土壤，调整过度依赖债权的经济发展模式，把债权经济转变成股权经济。三是在数字经济发展中，政府应当更加重视数字企业的高管人才和创始人团队构建（徐埔，2018）。归结如上论断均与提升数字经济风险投资（含人力资本投资）有关。基于上述论断得知当前促进企业数字化转型和数据资产交易离不开风险投资。目前，中国税收制度遵循税收中性原则，即纳税人不因政府课税而改变其既定的投资决策，但是在现实经济环境中，纳税人往往由于税收的原因而被迫将资金投向次优项目而放弃最优项目。这种因课税而改变纳税人投资行为从而给企业带来机会损失的风险即投资扭曲风险，这在现实经济中屡见不鲜。企业数字化转型不断循环性推进，其过程中少不了私人投资的促进，特别是私人投资对企业数字化转型过程中新技术、新模式和新业务的风险投资。如果政府采取相应的税收激励措施，有利于降低或分担市场投资带来的风险,对当前数字经济带来的投资风险进行分担,则可以在一定程度上进一步鼓励该领域的风险投资行为。从具体做法来看,即当企业通过数字化转型盈利时,政府以税收的形式分享其利润,并通过税收优惠提高投资收益;当提升企业通过数字化转型亏损时,政府也通过税收优惠政策分担风险,具体政策包括实施盈亏相抵,即允许企业将其某一年度的亏损,冲抵以后年度的盈利,从而减少相应的应纳税额,或者冲抵以前年度的盈余从而申请退还前年度部分已纳税款,也即税收征管中说的"向前结转"和"向后结转"。此外,还要鼓励企业数字化转型中的人力资本的培养,劳动力、资本和数据作为企业数字化转型的三大要素,其优化配置可以更好地提升企业全要素生产率,进而帮助企业进一步促进其数字化转型带来的生产率提升。在促进企业人力资本投资方面,例如,对企业相关人员进行数字技术教育或相关技能培训等风险投资领域,可以通过提升企业所得税相关税前扣除比例的方式进行激励。当然,也可以鼓励私人及社会资本通过购买数字化转型产业中优质企业的债券或股票的方式对其进行间接投资。

基于上述分析,鉴于当前企业在数字化转型过程中存在大量的风险投资行为,以及企业在此过程中产生的大量数据进行市场化交易。税收对企业投资决策产生重要的影响,即税收对企业数字化转型过程中的投资组合的选择以及投资风险的承担产生影响。由此,本文提出如下观点。

通过税收优惠引导企业数字化转型领域的风险投资,也可以进一步提升该企业数字化转型过程中的资本规模,同时也会通过对风险的承担程度差异影响风险投资者对该企业的投资组合,即通过数据资产交易投资差异化的税收优惠政策影响国家或民间投资该企业数据资产投资交易的规模和结构。例如,通过税收政策引导把数字经济领域的债权经济逐步转变成股权经济,进一步扩大数字经济领域风险投资的份额,进而提高数字经济及相关产业的投资后收益率,增加数字经济相关产业的吸引力。

(二)税收对企业"数据资产"投资交易影响的规范分析

作为影响数字经济发展的重要因素之一,数据资产已经上升到了生产要素的层面,而作为一项资产,其资本存量和投资率体现了企业的投资规模和效率。而税收不仅对数据资产的投资数量产生影响,从而影响其资本存量,还会影响数据资产投资的效率和类型。站在企业端,作为数据资产的市场主体,其投资行为不仅取决于数据资产投资收益率的大小,还与其资金的来源与投资风险有关。而从税收影响企业投融资决策的路径来看,对企业的经济利润课征税收(企业所得税)会直接减少企业所得,但投资的形式是多样化的，不同投资项目的收益率有所不同，而且由于市场的不确定和信息不对称等市场失效因素的存在，不同的投资形式的风险也不尽相同。一般来说，风险与投资成正比，风险越大，收益就越大。每个投资者都把投资收益最大化作为目标，投资者往往会同时持有多种具有不同收益和风险的资产组合，通过资产组合的多样化降低投资的总体风险，同时对风险和收益进行权衡，对各种形式资产的比例进行调整，直到各种资产的边际收益率相等，从而保证投资收益的最大化。简言之，企业通过投资组合和风险承担决定投资决策，特别是在数据资产投资领域，税收会对投资者资产组合的选择以及投资风险的承担产生影响。

鉴于目前数据资产投资交易会对投资主体产生投资收益的事实，而现有的所得税主要针对投资主体的经济收入作为征税对象，加上数字经济领域的风险投资水平同样是由其投资报酬率决定的。因此，当政府要为企业数据资产交易风险投资所获得的投资报酬征税的时候，势必会考虑征税对其投资水平产生何种影响。尽管当前对企业数据资产交易投资尚未有明确的税制涉及，假设基于企业数据资产交易所得征收的所得税是影响风险投资报酬高低的重要因素之一。基于此，本文通过规范分析对企业数据资产交易所得税影响情况进行阐述。

第一，基于以下假设。

假设1：投资者（企业）拥有 $\overline{\omega}$ 的资本，其中考虑在对数据资产进行风险投资的规模为 x，此次风险投资在"好"的结果下可得到的报酬是 γ_g，在"坏"的结果下可得到的报酬是 γ_b。我们可以把 γ_g 看作正报酬，即资产价值增加；而把 γ_b 看作负报酬，即资产价值减少。

假设2：假设"好"的结果发生的概率是 π，坏的结果发生的概率是 $(1-\pi)$。

通过上述假设条件，若投资人（企业）决定投资 x 规模的资本数量，则其预期效用为：

$$EU(x) = \pi u(w+x\gamma_g) + (1-\pi) u(w+x\gamma_b)$$

投资者（企业）要选择使这个表达式最大化的 x，则需要对 x 求微分，我们可以求得效用随 x 的变动而变动的途径：

$$EU(x) = \pi u'(w+x\gamma_g)\gamma_g + (1-\pi) u'(w+x\gamma_b)\gamma_b$$

效用对于 x 的二阶导数是：

$$EU''(x) = \pi u''(w+x\gamma_g)\gamma_g^2 + (1-\pi) u''(w+x\gamma_b)\gamma_b^2$$

第二，考虑对数据资产投资征所得税的影响。

当投资人（企业）要为该风险资产上的投资报酬纳税的时候，其投资规模会受到什么影响呢？我们假定投资人（企业）按照税率 t 纳税，其税后报酬为 $(1-t)\gamma_g$ 和 $(1-t)\gamma_b$，因此，决定其最佳投资规模 x 的一阶条件将是：

$$EU'(x)=\pi u'[w+x(1-t)\gamma_g](1-t)\gamma_g+(1-\pi)u'[w+x(1-t)\gamma_b](1-t)\gamma_b=0$$

方程两边消去 $(1-t)$ 后，我们得到公式：

$$EU'(x)=\pi u'[w+x(1-t)\gamma_g]\gamma_g+(1-\pi)u'[w+x(1-t)\gamma_b]\gamma_b=0$$

当 $t=0$ 时，表示没有征所得税，那么 x^* 表示上述方程得到的最大解，$\hat{x}$ 表示有税收时的最大解，经过分析得到 x^* 和 $\hat{x}$ 之间关系为 $\hat{x}=\dfrac{x^*}{1-t}$，因为 $t\subset(0,1)$，所以 $\hat{x}>x^*$，也就是说对数据资产风险投资征所得税，反而会鼓励其在该风险资产上的投资。

第三，得出结论。传统上认为对风险投资征税会挫伤在风险资产领域投资的积极性。但是通过上述规范分析揭示出了这样一个事实：对其征所得税也有可能增加其风险资产上的投资量。理由如下：对风险投资征税后，在好的状况下的企业收入将会减少，但是在坏的状况下企业的损失也会减少，如果按照 $1/(1-t)$ 的比率增加其原有的风险投资，可以重新产生出同其征税前报酬相同的税后报酬。尽管征所得税降低了企业的预期报酬率，但它也相应地减少了企业的风险，进而激励相关企业增加数据资产交易领域的风险投资。即当报酬为正的时候，对风险投资征税代表着对收益征税；而当报酬为负的时候，它所代表的就是对亏损的支出。因此，在某种意义上，于补偿机制下，政府在一定程度上成为企业风险投资的"风险合伙人"，政府通过对数据资产投资收益征税分享企业投资收益的同时，也承担了企业的一部分损失。政府征收对数据资产投资征收所得税，一方面降低了数据资产风险投资的收益率，即一定程度地降低了投资者投资数据资产的意愿。另一方面降低了数据资产投资的风险程度，即产生了刺激投资者对其进行风险资产投资的主动性。由于两种影响方向相反，在实践中所得税对投资者数据资产投资选择的影响力是不确定的，但是如果投资者有既定的收益目标，或者在政府大力鼓励的情形下，可能会愿意更多地投资于数据资产，进而增加数据资产投资交易的可能性，尤其是在当前国家出台更多的政策在鼓励数字经济健康有序发展的情况下，通过制定合理的税收政策可以加快产业经济数字化和数字经济产业化进程。

此外，上述分析还有可能得到另一层面的影响，即通过对投资者征税可以增加其在数据资产交易领域的风险投资，提升该领域的投资规模，提高其产值，为经济增长提供长期动力。鉴于此，未来可以通过实施差异化的税收政策对不同收益水平数据资产交易投资进行税收激励，同时也需要围绕不同收益水平的数据资产交易行为进行分级分类，进而为实现税收精准监管提供制度依据。

五 目前"数据资产"交易投资的税收监管分析

（一）当前"数据资产"交易投资的监管现状

数字经济的快速发展为经济社会发展带来了新的变化，尤其是推动了"数据资产"交易投资经济行为的发展，并由此带来了监管制度的变化。

第一，在制度监管层面。近年来，由数字经济引发的市场失灵、恶性竞争、道德风险等负面影响，以及因此造成的市场摩擦、争端加剧、监管缺失等问题频频发生。早在2021年中央财经委员会第九次会议上，习近平总书记就提出"要健全完善规则制度，加快健全数字经济法律法规，及时弥补规则空白和漏洞"；2022年在《求是》杂志发表文章《不断做强、做优做大我国数字经济》时他再次强调，"要规范数字经济发展"；并在年底中央经济工作会议明确提出，"提升常态化监管水平，支持数字经济企业在引领发展、创造就业、国际竞争中大显身手"。上述决策部署充分释放了积极信号，为规范数字经济监管制度建设指明了方向。此外，2022年《中共中央 国务院关于构建数据基础制度更好发挥数据要素作用的意见》进一步提出："要完善数据全流程合规与监管规则体系，加强企业数据合规体系建设和监管，严厉打击黑市交易，取缔数据流通非法产业。"随着企业数字化转型不断成熟，传统的规制思维、政策和技术手段对企业数字化转型过程的监管，尤其是转型过程中所产生的数据资产交易问题已经难以适应，迫切需要政府、市场、企业的共同努力，及时推动修订适应数字经济发展，尤其是优化推进数据资产交易的相关法律法规与政策规定，加快破除制约数据资产交易的体制机制障碍。

第二，在税收监管层面。近年来，党中央高度重视数字经济税收规则的制定。习近平总书记在《国家中长期经济社会发展战略若干重大问题》中提出，要加快数字经济、数字社会、数字政府建设，推动各领域数字化优化升级，积极参与数字货币、数字税[①]等国际规则制定，塑造新的竞争优势。其中

[①] 数字税也称为"数字服务税"，数字税可以理解为国家对境内因销售互联网业务而产生了有效利润进而征收的一种税，其征收对象为大型互联网经济公司。数字税的第一层含义就是电子商务征税，其性质为流转税，这是针对国内税的概念，与中国目前征收的增值税相似；第二层为数字税涉及跨国性质的互联网公司、数字巨头所创造的巨额利润在不同国家、地区之间分配的问题，其性质为所得税，这层在中国表现为企业所得税和个人所得税。

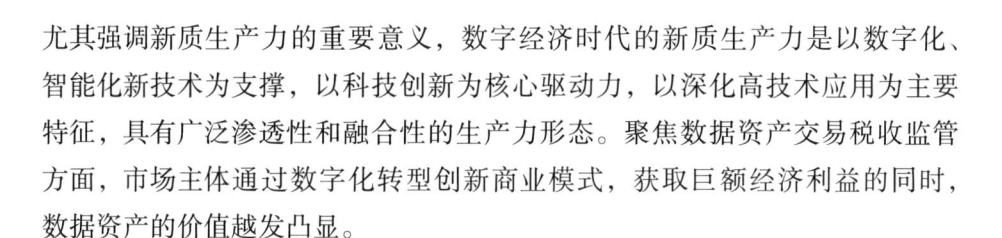

尤其强调新质生产力的重要意义，数字经济时代的新质生产力是以数字化、智能化新技术为支撑，以科技创新为核心驱动力，以深化高技术应用为主要特征，具有广泛渗透性和融合性的生产力形态。聚焦数据资产交易税收监管方面，市场主体通过数字化转型创新商业模式，获取巨额经济利益的同时，数据资产的价值越发凸显。

（二）目前"数据资产"投资交易下的税收监管难点

众所周知，企业数字化转型是实现数据资产化的重要推动和制约因素，目前尚未出台针对企业数字化转型本身的税收政策及监管方案，但近年来平台经济与传统经济产业融合衍生，实现了"虚拟经济与实体经济"跨时间、跨空间、跨领域的业态融合，凸显了数字经济要素与现行税制中关于纳税主体、计税依据等基本税制要素不够衔接、有关政策的适用性不够明确等问题，尤其是围绕着交易过程中数据资产与实物产品交易绑定，使各地税务部门在具体实践税收监管方面还存在无法实现"全流程、全方位"的动态监管，加之目前税收监管措施有限，进一步加大了税收监管的风险。目前，"数据资产"投资交易下的税收监管主要存在以下几个方面的难点。

1. 数据资产交易特征"虚拟性"给税收监管带来的挑战

随着数字经济的繁荣发展，数据资产交易"虚拟性"特征的逐步凸显也增加了其认定难度。一方面，随着即时通信技术的日新月异，新型商业模式不断被催生，企业依靠远程和线上操作即可完成数据的顺利交易，因此，传统资产交易常设机构存在的必要性就受到前所未有的冲击。另一方面，人脸识别、加密通信和安全支付等移动支付技术广泛应用于数字经济商务活动，极大地降低了对数据资产交易的"行为监管"，加上促使相关企业在进行数据资产交易时，无须对其设置实体化的交易单元，使企业常设机构的重要性被进一步降低。此外，数据交易本身也催生了更加多样化的"虚拟性"常设机构，甚至"虚拟性"的经济业务，这对数字经济企业的纳税时间、纳税地点及对有关所得认定等传统纳税义务规范也会产生影响，特别是伴随着数据资产交易的行业范围越来越广，数据交易本身的"隐蔽性""虚拟性"特征越来越强，不容易被税务机关识别、认定以及后续监管。

2. 数据资产认定评估"复杂性"给税收监管带来的挑战

针对传统的商品、服务交易，其价值可以通过市场价格精准反映，而数据资产作为一种新型的"商品"，其价值"精准性"评估存在一定的"复杂性"。一是目前市场上绝大多数企业的数据资产相对较新，尽管有些企业的数据资产有十年的历史，但是大多数企业只有几年的历史，其数据价值评估很难寻找"参照系"。二是企业数据资产评估的核心难点在于资产权属的确认以及评估方法选择的依据,因此要对其进行交易价值评估存在技术上的难点。三是数字资产交易的经济环境越来越复杂,特别是在大数据迅速发展的时代背景下,企业不断通过对有价值的数据快速进行专业化的分析,将其转化成宝贵的数据资产进行交易,并以此获得收入,未来可能会成为数字经济时代的主要盈利模式之一。而专业分析的"复杂性"也会在一定程度上造成数据资产价格的不稳定,进而影响其收入的确认。而且数据资产价值确认的"复杂性"在很大程度上受制于相关法律是否完善和制度是否健全,以上种种给税务机关为纳税人提供数据资产交易合规性管理带来了挑战。

3. 数据资产会计入表"模糊性"给税收监管带来的挑战

众所周知,企业数据资产入表是记录企业数据资产交易的主要依据,并且是今后税务监管的重要内容之一。《暂行规定》提出:"企业按照企业会计准则相关规定确认为无形资产或存货等资产类别的数据资源,以及企业合法拥有或控制的、预期会给企业带来经济利益的、但由于不满足企业会计准则相关资产确认条件而未确认为资产的数据资源的相关会计处理",而且从《暂行规定》的操作指引来看,数据资产入表的步骤主要可以分为初始计量、后续计量、列报与披露。其中,初始计量包括成本归集、收入与成本匹配、按成本进行初始计量列示三步,但对于企业数据资源是否可以作为会计上的资产予以确认还存在一定的"模糊性",数据资源作为哪一类资产确认和计量?以及如何进行相关信息披露等相关的会计问题还有待进一步明确。一部分企业对于数据资源能否作为会计上的资产、技术,以及企业的资产负债表作为哪种资产入表等存在疑虑,希望政府部门能够出台专门统一的规定来就企业数据资源能否入表、适用的会计处理原则等加强指引。由此可见,在实现数据驱动下的企业价值管理过程中,数据资产入表还存在一定的"模糊性",这也在一定程度上给税务机关的数据交易税收监管带来了困难。

经济学原理告诉我们,资产的价值创造本身就依托于资产交换,并通过交换实现资产价值提升。数据资产作为一项生产要素,同时也作为产品交易对象可以成为新的税源增长点,为加强企业数据税源管理提供新的"蓝海"。但是目前在税收监管实践过程中,发现一些企业的数据要素处于"共享"状态,并不能及时转化为企业的数据资产,也就无从对其进行"交易",进而无法实现其价值提升。此外,还有一些企业数据资产游离于税收监管范围之外,特别是一些跨产业、跨行业、跨地区流动的数据资产,一方面带来了数据资产税源的流动,另一方面也加剧流动数据在资产价值评估方面的难度。同时,随着企业经济业务的不断拓展,其自身也会产生大量的经济数据,而且其规模和内在价值也在不断提升,亟须通过创新机制促进其交易,提升企业收入水平和盈利能力,为今后拓展税源奠定基础。

(三)"数据资产"交易项目下税收监管的国内外研究借鉴

近年来,围绕企业数据资产管理创新开展的企业数字化转型,已成为提升其自身经济效能的重要动力,加上智慧财务、智慧税务、智慧金融等新兴领域会助力企业数据资产化实践,进一步促使数据资源能够实现资产交易。目前,国内财税界围绕数据资产交易行为也开展了对数据资产的确认、计量、披露及其交易影响性的研究,其中包括数据审计,数据价值评估等涉及监管层面的研究,也有学者从数据交易对税收治理影响的角度,探索其税收监管问题。

1. 国内研究

蔡昌等(2020)等针对平台经济的税收治理问题提出:数据交易具有数字化、虚拟化和多边化的特点,给税收治理带来难点,当前税收制度还没有对这些企业新资产作出准确界定,相关税制的缺失会在特定情形下引发数字经济发展与现行税收规则冲突,并在此基础上提出进一步健全税收监管体系的政策建议;王玉(2019)认为,数据交易的经济行为考验着传统的税务关系、税政服务、税治管理以及税务标准,同时也为税收治理带来了信息采集的便利性、网络化管理的优势以及流量监管等时代机遇;欧阳天健(2023)提出要充分利用好企业对数字资源的掌控,积极引导企业遵从税法规范,开展合规税收,同时,进一步修订《中华人民共和国税收征收管理法》等有关数字资产交易税收征管规范,完善企业数据交易的协税义务,促使其深度参与数据资产税收治理过程;戴慧和杨玉(2022)借鉴国外成熟经验和国内先行先试地区的一些做法,创造性地建立"政府+企业"数据交易平台,明确该平台在协助提醒纳税人注册登记、报送纳税人及相关税务信息方面的义务,更多地运用大数据、区块链技术,完善数字经济相关税收征管,实现政府与企业共同协作,完善数字交易下的税收监管制度。

2. 国际借鉴

世界很多国家积极应对国际数字经济发展带来的税收征管规则的挑战,提出通过构建数字财税机制进行积极应对。数字经济带来了新的税基,因为数字经济平台超时空的这种供给匹配方式,导致数据资产交易过程是在虚拟空间内完成的,过去针对实体的这种征税基础已经不存在了。因此,中国通过鼓励数字经济产业发展,提出积极推进数字产业化、产业数字化,推动数字技术同经济社会发展深度融合等方式进行产业结构调整,推进经济社会发展，强化了数据资产。税务部门也积极应对数字经济发展给税收带来的挑战，在深化以税收大数据为驱动的理念变革的基础上，通过加快推进发票电子化改革，开展以税收征管数字化升级和智能化改造为特征的智慧税务体系建设。因此，从推进数字经济健康发展和实现构建智慧税务这两个角度，研究数字税对企业的影响是无法绕开的一个问题。伴随着经济数字化的不断迭代升级，很多国家在加大数字经济税收征管及监管力度的同时，也在相关领域围绕数据资产交易、平台经济税制设计及有关立法方面的实践，规范数据管理部门、政府部门和企业在数字经济领域的行为，促进数字经济的健康发展。尤其是在欧盟、OECD等国际组织的协助下，围绕数字资产跨国交易寻求多边解决方案，为中国完善数字资产经济税收监管制度建设，提高数据资产项目下的税收治理绩效提供了借鉴。例如，平台经济作为数字经济的典型，其商业模式表面上提供了免费的服务，但是在实践中通过提供服务获得了使用用户生成的数据的权利，并借此机会与其他企业或平台进行数据交易，创造了收益，为此，欧盟在现有的增值税制基础上通过引入数字服务概念，对其提供的数字化服务、数字化产品征收增值税，同时欧盟还提出了电子给付服务的概念，认为通过互联网或电子网络提供数据服务与收到的对价存在直接联系，并据此征收增值税[①]；在数据交易的代缴领域，法国税务局要求数据平台负责对相关卖家的销售代收代缴增值税，并且规定了增值税分割付款的要求，还要求数据平台为卖家的支付提供便利，将应付的增值税分开，并直接汇给法国税务局；印度税务局通过将电子商务纳入商品与服务税的征税范围，对电子商务课征增值税，并要求平台企业履行数字服务的代扣代缴义务；澳大利亚税务局要求向澳大利亚境内的消费者提供数字服务的非居民供应商，如果应税销售额达到商品及服务税登记门槛，则需要主动在澳大利亚登记并缴纳商品及服务税；针对数据资产交易，美国税务局规定通过数据交易平台获取的数据资产收入以及流媒体收入需要缴纳地方销售与使用税，类似中国的增值税。

此外，2021年OECD"双支柱"方案提出对跨国企业数据资产交易带来的利润分配进行强制约束，其中"支柱二"方案制订了全球最低税规则，对数字（平台）经济的利润转移问题进行了约束，即跨国公司的数字经济业务也要遵循最低税规则，要求跨国企业集团在所有经济实体的辖区承担不低于

---

① 欧盟于2023年11月正式批准了《欧盟数据法案》，为统一开征数字服务税提供法律支撑。该法律旨在对智能设备的制造商和供应商以及智能设备生成的数据处理者实施新的法规。欧盟《数字服务法》正是在《数字市场法》的反垄断措施之外，专门针对数字中介服务提供者设置了体系性的监管措施。

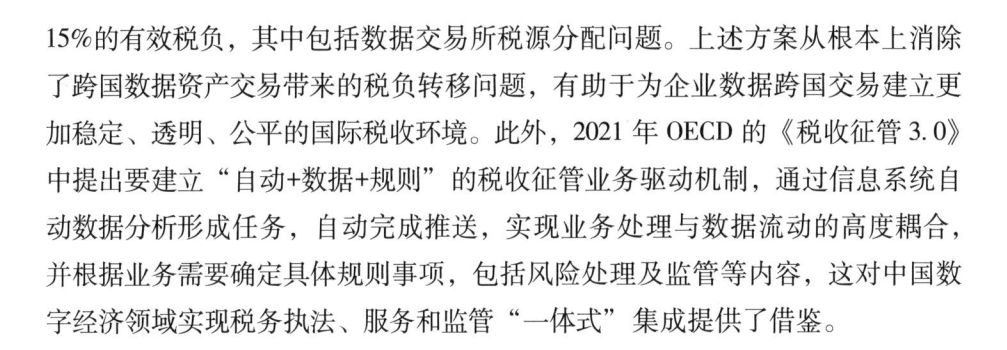

15%的有效税负,其中包括数据交易所税源分配问题。上述方案从根本上消除了跨国数据资产交易带来的税负转移问题,有助于为企业数据跨国交易建立更加稳定、透明、公平的国际税收环境。此外,2021年OECD的《税收征管3.0》中提出要建立"自动+数据+规则"的税收征管业务驱动机制,通过信息系统自动数据分析形成任务,自动完成推送,实现业务处理与数据流动的高度耦合,并根据业务需要确定具体规则事项,包括风险处理及监管等内容,这对中国数字经济领域实现税务执法、服务和监管"一体式"集成提供了借鉴。

六 优化"数据资产"投资交易税收监管的政策建议

伴随着企业数字化转型的迭代升级,国际领域数据资产交易带来的税基侵蚀和利润转移的风险更加凸显,促使有关国家加大在该领域税收监管的政策部署。为进一步打造"精准识别、智能推送、高效应对、全程监督、环环相扣、闭环管理"的一体化智慧税收监管体系,本文基于一些国家在数据资产管理、数字经济相关税制设计和立法方面的实践,以及OECD、欧盟等国际组织在税收政策和税收监管两个维度实施的多边方案,结合目前数据资产交易下的税收监管难点,对推动完善数据资产交易税收监管制度建设提出一些建议。

(一)健全税制:针对数据资产交易行为特点,完善数据资产交易的税收监管的实体法依据

数字资产交易就像涉及用金钱换取商品或服务的"传统"交易,理应与其他商品或服务的"传统"交易一样应纳税,或者约束数据交易平台企业履行代扣代缴义务。因此,可以在现有增值税税制的基础上,将数据资产交易作为一项提供的数字化服务纳入增值税的征税范围。根据税制设计原理,无论交易类型、交易对象如何,交易收入通常都要纳入计税范围。例如,美国税务局将数字资产视为财产,适用财产交易的一般税收原则,并在其基础上制定适用于涉及数字资产交易的税收项目;前文提到欧盟开征了数字服务税,其目标是用于征收数字资产交易下增值额所带来的税收。至于数字资产交易如何征所得税,一般来说,进行数字资产交易(包括购买、出售或交换数字资产)的个人将数字资产作为资本资产持有,出售或交换会导致资本收益或资本损失,因此一般将数字资产交易征税划分为资本收益税。此外,提供数字服务的一方或者数据交易平台,如果将数字资产作为商品或服务提供给购买方,从而获得了收入,还要按照现有税法的规定代扣代缴增值税和所得税。只有健全既有的税制,并逐步提升有关税法的法律层级,才能为企业数据资产交易税收监管提供实体法律依据。

（二）数据赋能：提高数据资产交易监控和跟踪分析的能力，将大数据税源监管作为风险管理的重要手段

税源监控是税务机关通过各种方法对税收与经济之间的关系进行监视与控制，分析并掌握应征税款的规模与分布，进而对税源发展趋势进行预测的管理活动（黄益朝，2008）。大数据税源管理通过在税务数字化转型背景下建成以税收大数据为驱动力的具有高集成功能、高安全性能、高应用效能的智慧税务，能够在制度层面确保数字资产交易中对数据源头企业的生产经营状况、成本、价格、利润等动态信息的掌握，加强数据交易信息源头化管理。为进一步落实中共中央办公厅、国务院办公厅印发的《关于进一步深化税收征管改革的意见》，各级税务机关应针对企业数据资产交易过程中存在的风险点，深化拓展应用税收大数据、物联网、区块链、人工智能等现代技术，推进远程监管、移动监管、预防监管、提高企业数据资产交易监控和跟踪分析能力。通过综合运用数据分析、图像识别、行为分析、风险评估等对数据信息进行审核研判，强化覆盖全网的违法、违规信息数字化检测收集和有效处置，提高企业数据资产交易项目下的税务智慧监管能力。

（三）搭建平台：协调统筹"税企"合作机制，加强企业数据资产交易"一户式"的税收监管分析

通过协调统筹"税企"合作机制，围绕企业数据资产交易行为，构建以识别常见风险手段、感知新风险手段为重点靶向、以标准化指标元为基础，覆盖企业全部交易，包含数据资产交易的"全业务域、全税费种、全事项、全环节"的指标模型体系。在全面推进指标模型智能化过程中，将企业数据资产交易指标进行标准量化。基于数据孪生的理念和方法，对企业生产经营数据全面归集，建成覆盖企业所有生产经营环节、行为和业务的智能 AI 算法模型，形成从采购、生产、销售、流通到消费、出口的全链条监控，并以此为基础搭建"一户式"企业经济业务税收监管分析平台。其中，重点关注企业数据资产交易存在的涉税风险，尤其是整合数据资产跨地区交易信息共享，实现涉税风险与其他经济风险的网格化协作统筹管理，并以此强化数据资产交易全环节"事前、事中、事后"税收监控。

此外，针对国内数据资产的税收监管仍有很多制度需要配套优化，包括相关会计准则制度的同步完善。基于此，需要认真研究企业数据资产交易的特点，在现有制度基础上研究制定既有利于促进企业数据资产交易，又能兼顾其降低税收风险的政策措施。同时，还要建立并强化第三方服务平台的财税信息报告制度，对企业数据资产交易过程中所产生的"发票流""资金流""数据流"进行实时监控比对，通过加强数据比对，税务监管能够及时了解企业数据交易活动各方收入信息，提高税收监管的效率，由监督合规变成设计合规，降低企业数据资产交易项目下的税收合规风险。

参考文献

蔡昌等：《平台经济的税收治理难点与治理方略》，《财会月刊》2020 年第 21 期。

戴慧、杨玉：《平台经济税收政策和治理的国际经验及启示》，《中国发展观察》2022 年第 4 期。

黄益朝：《税收征管执法风险与防范管理研究》，硕士学位论文，复旦大学，2008 年。

李晓红：《"以疫为机"，数字经济迎来快速发展》，《中国经济时报》2020 年 2 月 27 日第 3 版。

刘业政等：《数据要素流通使用的安全风险分析及应对策略》，《大数据》2023 年第 2 期。

欧阳天健：《共享共治理念下平台经济的税收征管挑战与治理优化》，《华中科技大学学报》（社会科学版）2023 年第 5 期。

王玉：《挑战与突破：平台经济下政府税收监管机制创新研究》，《探求》2019 年第 2 期。

徐墉：《风险投资为数字经济发展提供强劲动力》，《杭州日报》2018 年 7 月 3 日第 4 版。

张纪元、潘波：《中小企业，离大模型有多远？》，中国电信政企服务公众号，2023 年 8 月 10 日。

Farboodi, M., Veldkamp, L., "Data and the Information Economy", *Journal of Economic Literature*, Vol. 27, No. 5, 2021.

Jake Frankenfele, "Valuing Data as an Asset", *Review of Finance*, 2023, 26.

Stigler, G. J., "The Economics of Information", *Journal of Political Economy*, Vol. 69, No. 3, 1961.

中国式现代化建设背景下海洋开发的四重战略内涵及价值意蕴探析[*]

欧 瑞 温佳慧[**]

摘 要 海洋开发是实现中国式现代化、推进中华民族伟大复兴的关键环节，对中国式现代化建设具有规模性、普惠性、保护性、世界性的四重价值。海洋开发是人能动地改造海洋自然的过程，中国海洋事业丰富的物质基础、广阔的发展前景和充足的技术经验为实现中国式的海洋开发提供了可能。因此，必须坚持以规模化的海洋开发为现代化建设提供资源、就业保障，以效益化的海洋开发为现代化建设提供普惠性物质支撑，以环保化的海洋开发为现代化建设提供生态保障，以世界化的海洋开发为现代化建设贡献关键力量。发挥社会主义集中力量办大事的优势，以中国式的海洋开发为现代化建设贡献中国智慧、中国方案。

关键词 中国式现代化；海洋开发；现代化道路

一 引言

习近平总书记在考察大连船舶重工集团海洋工程有限公司时指出，海洋事业"关系民族生存发展状态，关系国家兴衰安危"，应当"不断提高海洋开发能力，使海洋经济成为新的增长点"。在中国特色社会主义进入新时代、踏上新征程的时代背景下，以中国式现代化全面推进中华民族伟大复兴成为中

---

[*] 河南省哲学社会科学规划项目"延安时期中国共产党社会保障工作研究"阶段性成果（项目编号：2020CDJ014）。

[**] 欧瑞，上海海事大学马克思主义学院硕士生导师；温佳慧，中国社会科学院大学马克思主义学院硕士研究生。

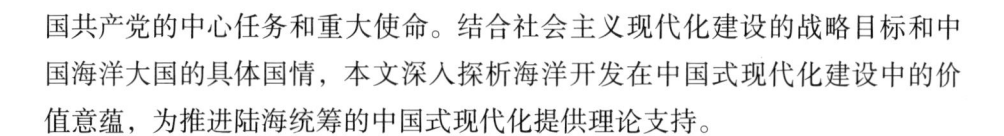

国共产党的中心任务和重大使命。结合社会主义现代化建设的战略目标和中国海洋大国的具体国情，本文深入探析海洋开发在中国式现代化建设中的价值意蕴，为推进陆海统筹的中国式现代化提供理论支持。

二 海洋开发的主要内涵与可行性依据

（一）马克思主义自然观视域下海洋开发的主要内涵

海洋开发是指人类通过对海洋矿产资源、生物资源、海洋空间、海洋能等资源进行勘探、开采和利用，能动地改造海洋自然的过程。

就人与海洋的关系而言：一是马克思主义自然观认为人是自然的一部分，因而"人的肉体生活和精神生活同自然界相联系，不外是说自然界同自身相联系"，"人靠自然界生活"（中共中央马克思恩格斯列宁斯大林著作编译局，1995）。因此从这个维度来说，海洋自然是人无机身体的一部分，人类需要从海洋中获取必要的食物补给、资源补充，从而维系人类肉体的存在。二是人能够有目的、有意识地在实践中改造海洋，进而成为促进海洋自然发展的能动要素。人既是自然发展的产物，受到自然规律的制约，又具有能动的创造性，尽管自然界的客观规律不以人的意志为转移，但人类完全可以通过实践认识和把握规律，从而灵活地运用客观规律能动地改造海洋，在使"自然人化"的过程中有限度地开发利用海洋中的各类资源。

（二）海洋开发的可行性依据

有序推进海洋开发，大力发展海洋经济，稳步建设海洋强国是深入推进中国式现代化建设的重要战略举措之一。以中国和世界各国海洋开发实践为出发点可知，中国海洋事业具有丰富的物质基础、广阔的发展前景和丰富的技术经验，这为中国式海洋开发提供了现实可能。具体而言，海洋开发的可行性支撑条件可概述为以下三个方面。

第一，中国辽阔的领海面积与丰富的海洋资源为海洋开发提供了客观物质基础。中国作为一个沿海大国，其内海和边海的领海水域面积约为473万平方千米，包含渤海、黄海、东海、南海四大海域，整体海域跨越三个气候带，拥有世界上大部分海洋生态系统类型。在此基础之上，中国已探索到的海洋砂矿资源储量超过30亿吨，石油和天然气资源储量突破240亿吨和16万亿立方米，预计可再生资源蕴藏量高达6.3亿千瓦，海洋资源尤为丰富。依托富饶的海洋资源，中国式海洋开发具有充分的物质基础。

第二，人类在海洋资源开发利用领域中的巨大探索空间使海洋开发拥有广阔前景。随着工业现代化的发展进程，劳动对象逐渐由陆地向海洋扩展。然而，当前人类对陆地资源的开发利用已经较为充分，但对海洋空间，尤其是深海区域海洋资源的开发探索尚有不足，大量海洋空间仍待开发与利用。与此同时，海洋中所蕴含的资源种类较为丰富，然而人类对于海洋矿物资源、化学资源、生物资源、可再生能源等的开采能力与开发利用能力还十分有限，当前在探索利用不同种类的海洋资源方面仍大有可为，巨大的开发探索空间为中国式的海洋开发提供广阔前景。

第三，人类在海洋资源开发领域的初步探索为海洋开发提供技术基础和经验指引。20 世纪中期以来，中国与世界其他国家着眼于海洋资源勘探与开发革新，海洋勘探手段与技术日益完善，大洋钻探技术、海洋遥感技术、海洋导航等技术日新月异，为深度挖掘海洋资源提供可能。与此同时，中国与世界各国的海洋开发利用能力均显著提升，"海上平台、水下生产技术、流动安全保障与海底管道等海洋工程新技术不断涌现"（周守为等，2016），海洋能发电装置技术不断更新，海洋开发模式日益走向多样化。近年来，在与世界各国交流互鉴的同时，中国不断加快海洋科技创新性转型进程，在海洋勘探领域不断推出"中国智造"，形成了"潜龙""海龙""蛟龙"的"三龙"探海格局；在海洋开发利用技术上踊跃革新，研发质量守恒海洋温盐流数值预报模式、突破新型海洋微波遥感，填补领域空白，着力实现中国在海洋开发利用领域的自立自强。当前，中国已在国家的整体规划下形成了"一带九区多点"的海洋开发格局，"经过多年发展，中国海洋事业总体上进入了历史上最好的发展时期"（习近平，2013），中国丰富的海洋开发实践为中国式海洋开发提供了宝贵的实践根基。

三　海洋开发在中国式现代化建设中的四重价值意蕴

海洋经济是中国经济的重要组成部分，海洋开发是实现中国式现代化、推进中华民族伟大复兴的关键环节。海洋开发既能为中国式现代化建设提供更广阔的发展空间，又能够给予中国式现代化建设宝贵的物质支撑，对国家各领域的发展具有重要的战略价值。在这一时代背景下，党的二十大报告明确指出，中国应当加强对海洋领域的开发探索，"发展海洋经济，保护海洋生态环境，加快建设海洋强国"（习近平，2022）。

（一）规模性经济价值：稳固资源、就业"安全线"

中国式现代化是人口规模巨大的现代化，规模化的海洋开发能够为中国式现代化提供坚实的物质基础。中国14亿多人口整体迈入现代化社会,这类人口规模巨大的现代化必然意味着中国对矿物资源、化学资源、生物资源、动力资源的巨量需求,也必然意味着社会层面在就业岗位方面的巨量需求。

海洋中蕴含着丰富资源,拥有广阔的开发前景,能够弥补陆地资源的有限性,优化国内资源生产的保障能力,为现代化发展提供丰富的资源、能源支撑。一是海洋开发能够进一步挖掘海洋中蕴含的石油、煤、铁等海洋矿物资源,为中国式现代化建设提供源源不断的工业原料。二是海洋开发能够进一步提炼海水中富含的钠、溴、铀等海水矿物资源,为中国式现代化建设提供丰富的化学材料。三是海洋开发能够进一步发掘海洋中孕育的海洋生物资源,既为巨大规模的中国人口提供丰富食物,又为现代化建设提供医疗、化工原料。四是海洋开发能够进一步探索海洋中潜在的潮汐能、波浪能、海流能等海洋动力资源,为中国式现代化建设提供有力的能源支持。总体而言,海洋开发能够为中国14亿多人口的生存、发展提供物质资料,并为巨大人口规模的中国式现代化提供原料支撑、能源支撑,缓解中国式现代化过程中可能出现的资源衰竭难题,稳固中国式现代化自给自足的资源、能源"安全线"。

海洋开发的庞大体量需求决定了海洋产业集群的规模性,创造了大量的高质量就业岗位,有助于实现吸纳社会就业人员的功能效益。"就业是最基本的民生"(习近平,2022),《2021年中国海洋经济统计公报》统计,2021年,中国主要海洋产业增加值34050亿元,相较于上年增长10.0%,海洋渔业、油气业、矿业、化工业、生物医药业、电力业、海水利用业等海洋产业都有了长足发展。海洋开发所形成的海洋产业能够为促进沿海地区经济发展与居民就业作出卓越贡献,有助于贯彻落实就业优先政策、促进高质量充分就业,缓解现代化发展进程中可能出现的结构性、规模性失业风险,稳固中国式现代化建设过程中的就业"安全线"。

海洋开发符合中国人口规模巨大的基本国情,能够为应对中国式现代化过程中出现的艰巨性、复杂性的资源、就业问题奠定坚实的物质基础。

(二)普惠性社会价值:坚守共同富裕"方向标"

中国式现代化是全体人民共同富裕的现代化,坚持人民导向的海洋开发有利于发展高水平的社会主义市场经济,推动实现全体人民的共同富裕。作为中国特色社会主义的本质要求,实现全体人民共同富裕有赖于将"蛋糕"做大、做优和将"蛋糕"切好、分好两个关键环节,既要推动实现经济高质量发展,又要正确处理好经济增长和成果分配之间的关系,维系社会公平正义。

海洋开发有利于做大经济"蛋糕"，为实现共同富裕提供物质保障。海洋是高质量发展的战略要地，海洋开发日益成为中国经济发展新的增长点。截至 2021 年，全国海洋生产总值已突破 9 万亿元，对国民经济增长的贡献率高达 8.0%，彰显出海洋经济在做优做强社会主义市场经济"大蛋糕"中不可或缺的重要作用。提高海洋资源开发能力和开发程度，有利于推动海洋经济向高质量发展转型升级，使海洋经济成为中国经济新的增长点，充分发挥海洋产业对国民经济的支柱性贡献，以海洋开发利用助推中国经济高质量发展。

海洋开发不仅能将共同富裕的"蛋糕"做大，而且有利于促进合理分配，使全体人民享受到普惠的发展成果。一是海洋开发所带来的经济增长为增加政府税收收入和财务预算提供可能，为政府提升再分配收入调节能力、健全基本公共服务体系提供经济基础和财政支持，有利于缩小收入差距，避免两极分化，更多更好地解决人民群众"急难愁盼"。二是海洋开发对于缓解中国式现代化过程中的区域协调发展弊病，助推东部、中部、西部协调联动发展具有重要的战略意义。长期以来，中国的东部沿海地区因不断走向纵深的海洋贸易而经济崛起，但在矿产、能源等重要发展资源方面的供给上仍然有赖于中部、西部地区的输入。海洋矿产资源、动力能源的开发为缓解东部地区资源供需矛盾、推动东部地区可持续发展提供了新的解决方案，能够极大地减少东部地区对内陆资源的依赖程度，同时继续保持沿海地区的现代化发展优势。在此基础上，海洋开发也能够在一定程度上缓解中部、西部地区的资源开采压力和运输压力，为中部、西部地区产业升级释放发展空间，从而带动中部、西部地区协调发展，缓释中国式现代化过程中可能出现的地域不均衡风险。

在海洋开发过程中坚持以人民利益为出发点和落脚点的普惠性开发，对于提高政府公共服务水平、促进收入分配公平、推动区域协调发展具有重要的战略意义，为齐民心、聚民力，稳步推进全体人民共同富裕的现代化提供力量支撑。

（三）保护性生态价值：形成人与自然"共同体"

中国式现代化是人与自然和谐共生的现代化，保护性的海洋开发对实现中国式现代化具有重要的生态价值。实现中国式现代化必须时刻认清人与海洋是同呼吸、共命运的生命共同体，以正确的自然观应对现代化过程中面临的一系列问题与挑战。

人与海洋是休戚相关的生命共同体，中国式现代化有别于资本主义社会破坏自然的、不可持续发展的现代化,是社会主义制度下可持续发展的现代化。尽管资本主义社会下将海洋自然对象化、工具化的方式资本主义世界生产力得到了繁荣,但"对于每一次这样的胜利,自然界都对我们进行报复"。(中共中央马克思恩格斯列宁斯大林著作编译局,2009)资本主义极富掠夺性的生产方式必将造成社会效益与生态效益的双重失衡。当前,部分资本主义国家高举"保护海洋"的旗帜与口号,却在实际行动上危害海洋生态,从美国在马绍尔群岛进行核试验,到日本向太平洋排放福岛核污水,这些国家对海洋生态环境造成的破坏罄竹难书,对于海洋的保护治理不过是亡羊补牢。资本主义国家的现代化历史已然表明,对海洋等外部自然无节制地开发利用必将加剧生态危机,对海洋环境的保护将对生产力发展起到促进和推动作用,而无视自然规律、肆意破坏海洋环境的现代化必将招致恶果。

保护性的海洋开发要求坚定不移地贯彻人与自然和谐共生的现代化理念,有利于兼顾中华民族永续发展的长远利益。对海洋进行保护性开发意味着必须坚持海洋生态保护与海洋经济发展协同并进,且在当生态保护与经济发展面临矛盾、不能两全时,坚持海洋生态文明建设的优先地位。保护性的海洋开发有利于把握好生态保护与现代化发展之间的平衡点,守住中国发展与生态的两条底线。以生态文明建设助推经济高质量发展,有利于实现人与自然的和谐共生、现代化建设与生态环境保护的协同"共赢"。

总而言之,保护性的海洋开发坚持并贯彻马克思主义生态文明观,对正确处理好发展过程中的各种平衡具有重要的战略价值,对建设人与自然和谐共生的中国式现代化具有重大的生态价值。

(四)世界性发展价值:维护和平发展"新秩序"

中国式现代化是走和平发展道路的现代化,有别于以殖民扩张、暴力掠夺为手段,以资本无限增值为核心的资本主义现代化"老路",中国式现代化以构建人类命运共同体、创造人类文明新形态为本质要求。因此,和平性的海洋开发必然要求开放包容、合作共赢,以期达成世界和平发展与本国自身发展的互促互进,"既通过维护世界和平发展自己,又通过自身发展维护世界和平"(习近平,2014)。

中国拥有诸多的海洋权益,和平发展道路的包容性并不意味着在海洋权益上的妥协或让步。海洋开发为维护国家发展利益、谋求自身和平发展提供了海权保护方面的驱动力。在中国式现代化建设过程中,海洋开发是维护中国海洋权益和发展利益的出发点和落脚点。具体而言,海洋开发有利于国人海洋维权意识的觉醒,由海洋开发所带来的巨额经济价值对国民经济生活产生重大影响，该影响势必延伸作用于意识领域，驱动并深化中国国民维护国家海洋权益与海洋安全的主体意识。因此，海洋开发是海洋权益保护的基本出发点，且海洋开发的结果能够为海洋权益保护提供物质、技术支持。

海洋开发能够以强调共同利益、创设合理秩序等方式维护世界和平与发展，为中国式现代化建设集聚外部力量，在推动中国自身海洋经济发展的同时，为全球和平与发展创造契机，构筑人类文明新形态。海洋孕育多样生命、联系贯通世界、促进全球发展。海洋曾经是阻隔各个大陆沟通联络的壁垒，但在现代化日益纵深发展的今天，世界各国已经联结形成海洋命运共同体，生死与共、休戚相关，"各国人民安危与共，海洋的和平安宁关乎世界各国安危和利益"（习近平，2019）。海洋开发符合世界各国经济发展的资源、能源要求，海洋保护则事关各国生态安全。因此，海洋开发符合世界人民的共同利益，为构建世界性的海洋开发秩序、促进海洋科技合作互通、建立"蓝色伙伴关系"、促进海洋福祉提供合作共赢的可能。当前，在海洋开发中逐步巩固的海洋命运共同体已经日益成为凝聚共识、增进理解、深化交流的载体，从而转化为促进世界和平发展、构建人类命运共同体的重要机遇。

总体而言，和平安宁、合作共赢的海洋开发秩序有利于为世界和平与发展作出突出性贡献，为建设人与自然和谐共生的中国式现代化积蓄外部力量。

四　中国式海洋开发的四重战略要求

海洋开发在中国式现代化建设中的四重价值意蕴决定了海洋开发过程中所必须遵守的四重战略要求。立足中国特色社会主义事业发展全局，海洋开发必须体现社会主义集中力量办大事的制度优越性，坚持科学谋划、优化内容、规范秩序、提效增能，以陆海统筹、保护自然、优化结构、集约开发为基本原则，推动开发方式由粗放型向循环利用型转变，最终实现《国务院关于印发全国海洋主体功能区规划的通知》提出的"构建陆海协调、人海和谐的海洋空间开发格局"的战略目标，加快推进海洋强国建设。

1. 规模化、集约化：提高海洋资源开发能力

必须坚持规模化的海洋开发，提高海洋资源的开发能力，从而为中国式现代化贡献稳固资源、就业安全线的经济价值。实现规模化、集约化的海洋开发必须坚持政府的宏观调控，发挥公有制经济的制度优势，集中力量办大事，提升海洋开发新型举国体制效能。一是必须发挥国有经济的科学技术示范功能（程恩富，2004）。在海洋开发技术创新过程中所需的科技投入大、回

报周期长，市场调节在海洋开发规模化、集约化发展上的作用有限，因此必须发挥国有经济的功能优势，通过集中的资金、人力投入，加快培育钻研海洋科学技术，推动海洋科技的创新性转型，努力突破海洋开发所面临的技术"瓶颈"。二是必须不断扩充海洋开发领域。应当在"三龙"探海格局的基础上不断深挖，扩大海洋开发领域，拓展开发的深度和广度，提高对海洋资源的勘探、开采效率，提升对海洋资源、能源的利用率。三是必须坚持政府对海洋开发的整体规划。政府需通过政策和资金的扶持培育，壮大战略性新兴海洋产业，提高海洋产业对国民经济增长的贡献率，妥善安排涉海从业人员，同时以顶层设计不断优化海洋经济布局和产业结构，提升对近岸海域和深远海域海洋资源的开发布局能力、对城镇发展与海洋开发的统筹兼顾能力，进一步完善"一带九区多点"的海洋开发格局。

2. 普惠化、效益化：提升海洋经济增长质量

必须坚持普惠化的海洋开发，推动海洋经济发展提量增质，从而为中国式现代化贡献推动共同富裕的普惠性社会价值。一是应当坚定走依海富国、以海强国的发展道路，在解决东部地区能源问题的同时，以灵活开发丰富海洋资源的方式助推经济增长，同时加快转变海洋经济发展方式与开发方式，推动海洋经济的高质量发展，做好海洋经济的"大蛋糕"。二是在海洋开发过程中应当始终坚持以人民利益为出发点与落脚点，按照生产发展、生活富裕的基本要求激励海洋事业发展，推动东、中、西部协调一体化发展，改善收入分配方式，使人民更多、更公平地享受海洋开发成果，分好海洋经济的"大蛋糕"。

3. 环保化、循环化：形成循环利用型开发方式

必须坚持环保化的海洋开发，形成循环利用型的海洋开发模式，从而为中国式现代化贡献兼顾民族永续发展的生态价值。一是应当坚定走人海和谐的发展道路，推动海洋生态文明建设。在海洋开发过程中应当将人与自然和谐共生的现代化理念贯穿始终，加快推进海洋开发方式绿色转型，有序、有度、有效地开发利用海洋资源，以海洋环境承载力为尺度严格规范海洋开发活动，在不以损害海洋环境为代价的前提下能动地改造海洋环境。加大海洋环境保护和治污力度，修复以往不合理开发所造成的生态损害，建设海洋自然保护区，保护海洋生物多样性，维护海洋环境的再生产能力，推动海洋资源的可持续性开发，"让人民群众吃上绿色、安全、放心的海产品，享受到碧海蓝天、洁净沙滩"（习近平，2013）。二是应当树立尊重海洋、保护海洋的发展理念，加强对海洋保护的宣传教育力度。国家应继续推进国家海洋博物

馆建设与宣传工作，并以国家海洋博物馆的建设经验为示范引领在各沿海城市推广落地，推出更多体现中国海洋文化、海洋文明的精品展览，唤起人民群众保护海洋的意识与自觉，凝聚起海洋保护性开发的社会力量。

4. 世界化、合作化：坚持合作共赢开发模式

必须坚持世界化的海洋开发，坚持互惠共赢的合作开发模式，从而为中国式现代化贡献和平发展的外部价值。一是应当树立海洋共同体意识，坚定走合作共赢的发展道路。国家应当积极参与到海洋开发的国际化建设中，参与全球海洋治理。继主持制定海洋调查国际标准之后，中国应持续发力，参与到国际海洋开发的规范化、制度化建设之中，以可行标准为海洋开发领域的国际谈判与多边合作提供现实依据。通过对国际海洋事务的积极参与，寻求和扩大共同利益汇合点，增强世界性的海洋开发互惠合作。二是应当推动海洋维权向统筹兼顾型转变。必须维护中国的正当海洋权益，敢于维权、敢于斗争，综合运用谈判、协商等手段解决海洋开发过程中产生的矛盾与纠纷。同时，坚持"主权属我、搁置争议、共同开发"的开发合作模式，在坚守底线的基础上推动合作共赢。

五 结语

海洋开发对中国式现代化建设具有规模性、普惠性、保护性、世界性四重价值。一是规模化、集约化的海洋开发能够为人口规模巨大的现代化建设提供资源能源保障，有利于缓解可能出现的结构性就业压力。二是普惠化、效益化的海洋开发能够为全体人民共同富裕的现代化建设提供普惠性的物质保障，有利于缓解可能出现的协调发展问题。三是环保化、循环化的海洋开发能够为人与自然和谐共生的现代化建设提供生态保障，有利于协调处理现代化过程中出现的人与自然关系的问题。四是世界化、合作化的海洋开发能够为走和平发展道路的现代化建设贡献关键力量，为处理现代化过程中和平与发展之间的重大关系问题提供契机与方案。

作为海洋大国，中国务必充分把握好、利用好丰富的海洋资源优势，着力推动有别于其他国家的、体现中国特色的中国式现代化建设。毫不动摇地推动海洋经济高质量发展，着力保护海洋生态环境，加快建设海洋强国的步伐，为人类实现现代化发展提供新的选择，为解决全人类共同面临的世界性问题提供更为丰富健全的中国智慧、中国方案、中国力量。

参考文献

习近平：《进一步关心海洋认识海洋经略海洋 推动海洋强国建设不断取得新成就》，《人民日报》2013年8月1日第1版。

习近平：《习近平谈治国理政》，外文出版社2014年版。

习近平：《习近平集体会见出席海军成立70周年多国海军活动外方代表团团长》，《人民日报》2019年4月24日第1版。

习近平：《高举中国特色社会主义伟大旗帜 为全面建设社会主义现代化国家而团结奋斗——在中国共产党第二十次全国代表大会上的报告（2022年10月16日）》，人民出版社2022年版。

程恩富：《资本主义和社会主义如何利用股份制——兼论国有经济的六项基本功能》，《江苏行政学院学报》2004年第4期。

周守为等：《海洋能源勘探开发技术现状与展望》，《中国工程科学》2016年第2期。

自然资源部海洋战略规划与经济司：《2021年中国海洋经济统计公报》2022年4月6日，中国政府网，http：//gi.mnr.gov.cn/202204/t20220406_2732610.html。

中共中央马克思恩格斯列宁斯大林著作编译局编：《马克思恩格斯选集》（第一卷），人民出版社1995年版。

中共中央马克思恩格斯列宁斯大林著作编译局编：《马克思恩格斯文集》（第九卷），人民出版社2009年版。

美国输配电行业价格规制研究：
现状、趋势与启示[*]

李宏舟 高梦慧 李 姝 吴珍珍[**]

摘 要 随着输配电行业外部环境的快速变化，传统的服务成本规制模式逐渐难以适应新的规制要求，引入更为有效的输配电价格规制模式成为各国电力改革的重点。美国作为电力市场化改革较早的国家之一，在设计和实施激励性价格规制机制方面积累了一定的经验和教训，在某些方面值得中国借鉴。本文首先参照 *Electricity Regulation in the US：A Guide*，概述了美国电力行业结构及监管体系，然后分析了美国普遍应用的三类激励性规制机制和具体的应用案例，最后提出了美国输配电价格规制实践对深化中国输配电价规制改革的几点启示。

关键词 美国输配电行业；价格规制；激励性机制

一 引言

自 2015 年《中共中央 国务院关于进一步深化电力体制改革的若干意见》（中发〔2015〕9 号）和《中共中央 国务院关于推进价格机制改革的若干意见》（中发〔2015〕28 号）颁布以来，中国电力领域的改革取得了"厂网分离"后最为质性的进展，即在输配电环节明确了"准许成本+合理收益"的

---

[*] 国家自然科学基金面上项目"效率变革视阈下输配电成本的溯源识别、实证测度与监管进路"（72173016）。

[**] 李宏舟，东北财经大学产业组织与企业组织研究中心研究员；高梦慧，东北财经大学产业组织与企业组织研究中心硕士研究生；李姝，东北财经大学产业组织与企业组织研究中心副研究员；吴珍珍，青岛国家高新技术产业开发区管委会硕士研究生。

独立定价机制。2023年5月15日，国家发展改革委印发《关于第三监管周期省级电网输配电价及有关事项的通知》（发改价格〔2023〕526号，以下简称《通知》），正式对外公布了2023—2026年各省级电网输配电价水平，新的省级电网输配电价自2023年6月1日起执行。从《通知》内容看，第三监管周期输配电价改革坚持问题导向，在监管制度从有到优的进程中迈出了较大的步伐，比如将输配电价与其代为收取的其他费用分开，厘清了输配电价内涵；优化用户分类标准，提高了输配电价结构的合理性和效率性；将工商业用户纳入市场用电范畴，为真正落实准许收入规制提供了条件。但从本质上说，"准许成本+合理收益"定价机制还是收益率规制，在激励约束输配电企业降本增效方面的效果并不明显（白玫，2019）。借鉴激励性规制理论及英美等发达国家的规制实践，中国下一步可考虑在符合国情的范畴内将引入激励性价格规制作为主要改革目标。

随着中国电力技术的进步和对环保问题的日益重视，输配电规制目标逐渐呈现复杂性和多样性，除降本增效外，鼓励分布式电源发展、新能源入网、提高能源利用效率、加快智能电网改造等都成为重要的规制目标（杨娟，2016），因此中国规制机构需要调整规制思路，将降低电网企业成本、保障服务质量与促进新能源入网等问题有机结合，努力实现规制政策功能的多样化。美国是世界上较早进行电力市场化改革的国家之一，其在输配电环节的价格规制和改革方面积累了较为丰富的经验和教训，尤其是美国实行联邦和州两级监管体系，各州规制机构拥有较大的监管权限，各州的输配电价格规制机制呈现多样性（白玫、何爱民，2017）。美国电力系统的主流规制模式仍为传统的成本加成规制（收益率规制），但这种规制模式已逐渐不能适应现代电网建设和发展的要求（Sappington and Weisman，2016）。因此，各州均在一定程度上对传统模式进行了改革，通过设计和实施不同种类的目标导向型激励性价格规制机制，以实现降本增效和满足多元化规制要求的双重目标（施子海等，2016）。美国的规制改革进程在一定程度上契合了中国当前的输配电价规制改革现状，因此，研究和分析其输配电价格规制机制和具体实践案例，对进一步优化中国现行输配电价规制模式具有重要意义。

本文的结构安排如下：第二部分概述了美国电力行业结构与监管体系，重点研究美国输配电价规制改革的背景；第三部分对美国各州设计和实施的激励性价格规制及其特点进行介绍；第四部分结合纽约州的应用案例对美国激励性价格规制实践进行更详细的分析和评价；第五部分结合美国的实践经验，提出对深化中国输配电价规制改革的几点启示。

二　美国电力行业结构及监管体系

本部分主要对美国电力行业结构及其监管体系进行分析，包括电力企业所有权形式及业务划分、监管机构及其监管职能、电力供给及输配电网的运行等。

（一）电力行业整体结构

大体而言，美国电力行业共包括3000多家公营、私营及合作型公用事业企业（Public Utilities），1000多家独立发电企业和超过70万户家庭和企业拥有的太阳能发电系统（Onsite Solar Generating Systems）。此外，还包括3家区域同步电网组织（Regional Synchronized Power Grids）、8家电力可靠性委员会（Electric Reliability Councils）、约140家地区性电网运行机构（Control-area Operators）以及数千个独立的工程、经济、环境和土地使用评价机构（Lazar，2016）。美国电力企业数量众多，其所有权形式也呈现鲜明的多元化特征。按照所有制形式的不同，可分为私营电力公司和联邦公营电力公司。其中，私营电力公司受美国《国家能源政策法案》和公用事业监管政策法等国家法规约束，目前为美国近75%的人口提供电力服务。在私营电力公司之外，约25%的美国人口由联邦公营电力公司提供电力服务，包括城市和多数农村地区。

按照业务内容进行划分，美国电力企业又可分为单营发电业务、输电业务、配电业务和售电业务的单项业务公司以及涵盖发、输、配电业务的垂直一体化公司（Vertically Integrated Utilities），垂直一体化公司负责发电、输电以及向电力用户提供配电和零售服务等，在多数情况下，它们拥有独立的发电厂和输电网，同时也可以通过签订合同的方式向其他发电商购电，以获得与自有发电厂相等的供电能力（朱继忠，2016）。这些电力企业通过整合自有资源和合同资源，以短期采购和销售的方式满足用户用电需求，并通过自有或合作企业的输电网络将电力资源输送到用户所在区域。配电公司（Distribution-Only Utilities）仅提供配电服务，多数为规模较小的公营企业，但也有少部分重组后的大型私营公司，这些电力企业不具备发电能力，主要从电力批发市场购买电力，或者在其服务区域内，允许用户直接从发电商处购电（Lazar，2016），在这种情况下，配电公司仅为电力用户提供配电服务。

在美国，多数州政府通常禁止除电力公用事业企业外的任何单位或组织向公众出售电力，但是一些非公用事业企业会通过一些新形式向用户提供供电服务，如在旅游宿营地或者码头为临时旅游车和船只提供电力服务，它们通常以法定零售价格购买电力后再向用户出售，在大多数州，这种方式是被默许的（Lazar，2016）。此外，不少公司安装了太阳能发电系统，并以固定租赁收费或按量计费的方式向电力用户出售电力，这种做法一直存在争议，但目前仅在少数州被明令禁止。

（二）电力行业监管体系

美国电力行业主要接受联邦和所在州两级监管体系的管辖。联邦层面的电力监管机构主要是联邦能源监管委员会（Federal Energy Regulatory Commission，FERC），负责处理能源部门的大部分监管任务，如电网可靠性、输电业务、电力批发和电力企业并购等。州一级的电力规制机构一般是各州的公用事业委员会或公共服务委员会（Public Utilities Commission，PUC），职责大致相同，即负责配电业务、电力零售、电力应急管理和发放电网建设许可证等。

美国州际之间的电力和天然气输送和供应系统在联邦政府的监管范围之内，但针对低压零售配电设施建筑标准、服务质量标准的监管以及对私营电力公司提供的电力服务执行相应的价格条款主要属于州级监管机构的监管范畴（杨子铭，2017）。表1为美国联邦和州两级电力监管机构职能简介。

表1　　美国联邦和州两级电力监管机构职能简介

联邦能源监管委员会（FERC）的主要职责	州级公用事业委员会（PUC）的主要职责
（1）管理州际天然气运输和销售	（1）确保电力公司能够获得必要的收入要求，并在各类消费者之间分摊
（2）管理州际石油管线原油运输	（2）设计电价结构，在确保电力公司获得合理收入的同时引导用户合理消费
（3）管理州际电力运输和批发销售	（3）制定电力服务质量标准、保护电力用户的利益
（4）为私营、市级和州立水电项目颁发许可证并进行监督	（4）监管电力公司财务，包括对公司的资本投资项目和长期规划进行审批等
（5）批准州际天然气设施的选址和废弃	—
（6）确保州际高压传输系统的正常运作	
（7）监控并调查能源市场	

（三）电力供给和电力市场

从发电方式来看，美国大部分电力供给来自煤、天然气和核能，少部分来自水能、风能和太阳能等可再生资源（Lazar，2016）。电力市场中的供电主体主要包括独立发电商（Independent Power Producer，IPP）和非公用事业企业发电商（Non-utility Generator，NUG），这些企业一般自身拥有一个或多个发电厂，但它们并不提供电力零售服务，而是直接将生产的电力出售给公用事业企业或与电力用户交易的零售经纪人。电力用户投资组建的公营电力公司（Consumer-Owned Utilities）也是一个重要的交易主体，主要提供配电服务，其电力源于多种渠道，主要是大型私营电力公司和联邦电力销售管理局。小型企业，如农村电力合作社和市政型公司则成立发电和输电合作社（Generation and Transmission Cooperatives，G&Ts）拥有共同的发电厂和配电线路。

1994年后，美国开始借鉴英国的改革经验，在加利福尼亚州、伊利诺伊州、得克萨斯州、俄亥俄州和新英格兰地区的大部分州，允许电力用户能够直接与竞争性电力供应商进行交易。另外，为保证服务的普遍性，这些州还明确规定区域内电力供应商必须为没有选择的个体用户提供基本电力服务（杨娟，2011）。[①] 核电站和水电站许可证的发放主要由联邦监管委员会与核能管制委员会（Nuclear Regulatory Commission，NRC）负责，其他类型的发电设施许可和选址审批由州和地方各级监管机构负责。隶属美国能源部的联邦电力销售管理局（Federal Power Marketing Agencies，FPMA）主要负责向市场出售联邦政府所有的水坝电力（Federal Dams），也可以建造自有火电站。

（四）电力输送和输电网管理

在美国，各类发电商提供的电力主要经由超高压交流输电网络（115千伏及以上）连接到三个传输同步互联电网（Transmission Synchronous Interconnections）：东部互联电网、西部互联电网和南部的得克萨斯电网。这三大电网独立运作，它们之间仅通过直流线路进行非同步连接：东西部电网的间接联系是经由6条直流线路连接的、东南部电网之间有两条直流联络线，与墨西哥电网有一条直流联络线。近年来，美国一直在推进三大联合电网的联络线路建设。美国现有47个州被包含在三大电网体系中，三大电网的输电价格和服务标准由联邦能源管制委员会制定（Lazar，2016）。随着电网的不断投资和发展，美国的输电系统逐步采用智能电网技术，使电网运营商能够通过智能传感器和电子设备（如相位角调节器和灵活的交流传输系统）实现对输电

---

① 从1990年开始，英国开始重组公用事业企业，允许电力用户直接进入电力市场选择合适的竞争性电力供应商进行交易（沈叶，2016）。在重组之后，公用事业企业既保留了配电业务，也可从电力生产商处购买电力以转售给用户。

系统状态的实时监控。电力能源的生产和消费具有同时性，而常见的电力储存方式（大型蓄电池和其他存储系统如抽水蓄能坝）成本相对高昂，使大量存储电能不具备可行性，因此对大多数电网系统来说，实现用户需求和系统供应的实时平衡非常重要，这就需要对发电厂和输电线路进行复杂的调控，以便保证服务的可靠性。目前，在美国有专门机构负责实时监控和管理输电网的电流运行状况，最具代表性的是北美电力可靠性委员会（North American Electric Reliability Council，NERC）（白玫、何爱民，2017）。

北美电力可靠性委员会成立以来，北美地区（美国和加拿大大部分地区以及墨西哥部分地区）先是被划分为10个可靠性区域，后减为8个，目前为7个。在北美电力可靠性委员会的管辖范围内，还有一些组织负责管理电力供应与需求的协调（于尔铿等，2000），主要包括区域输电调度机构（Regional Transmission Organizations，RTO）、独立系统运营商（Independent System Operators，ISO）。

1996年，美国联邦能源管理委员会颁布了888号法令，明确电网所有者不可同时设立自有发电和供电公司，同时鼓励通过RTO和ISO负责整个输电系统的运行。两个组织将输电网络的运行控制权与所有权以及发电、输电运行控制权进行分离，共同承担保障电力系统运行的职能。其中，RTO负责调度职责范围内的电网，有权决定调度指令。FERC会希望通过1996年的888号法令重组美国电力公用事业机构，特别是将输电设施的控制权划给电力传输系统的第三方运营商，即独立系统运营商。1999年，FERC会颁布了具有决定意义的2000号法令，明确RTO和ISO商实行统一实时运行模式，同时要求两个机构要满足如表2所示的4个特征。

表2　　　　　　　　　　RTO和ISO的4个特征

特征	具体内容
独立性	为了满足这种独立性要求，规则要求：①RTO的雇员与任何市场参与者没有任何经济利益；②RTO的决策过程独立于市场参与者的任何控制；③RTO拥有独立的权力为其所控制的输电设施提供输电服务。法规还要求，如果市场参与者在RTO中拥有所有权，或者将在RTO的决策过程中发挥作用，需要进行合规性审计，以评估独立于RTO的情况
范围和区域配置	RTO必须服务于适当的地区。该地区必须有足够的范围和配置，以使RTO能够保持可靠性，有效履行其要求的功能，并支持高效和非歧视性的电力市场

续表

特征	具体内容
运营机构	2000号令要求RTO对其控制下的所有传输设施具有"操作权"。①如果运营职能委托给RTO以外的实体或与RTO以外的实体共享,RTO必须确保这样的安排不会损害可靠性或给任何市场参与者竞争优势,还必须在初始运行后两年内就这些事项作出报告;②RTO必须是其所控制的输电设施的安全协调员
短期可靠性	RTO具有"维持其运行的电网短期可靠性的专有权力和技能"

资料来源:笔者根据Regulatory Assistance Project(2016)整理。

此外,2000号法令还规定了RTO必须行使如表3所示的8项职能。

表3　　　　　　　　　　RTO必须行使的8项职能

职能	具体内容
费用管理与设计	RTO必须控制自己的电力传输资费,使用自己的定价系统,并在其控制范围内作为传输服务的唯一提供者
拥塞管理	RTO需要开发和运营拥塞管理机制
并行路径流	RTO必须制定程序来解决其运行区域内的并行路径流问题,并协调与其他地区的平行路径流
辅助服务	RTO必须作为所有辅助服务的"最后提供者"。市场参与者有机会自行提供这些服务,或从第三方获得这些服务
输电网公开即时信息系统(OASIS)、总传输能力(TTC)及可用传输能力(ATC)	RTO必须是唯一的OASIS管理员,并且必须是TTC和ATC的唯一计算者
市场监测	RTO必须制定程序,对其运营或管理的所有能源市场进行客观监测,以"确定市场设计缺陷、市场力滥用和提高效率的可能性"
规划与扩张	RTO"必须负责规划、指导或安排必要的传输扩展、增加和升级"
区域间协调	RTO还负责确保区域间的可靠性和互联互通

资料来源:笔者根据Regulatory Assistance Project(2016)整理。

概括而言,美国电力行业运行和监管体系如图1所示。

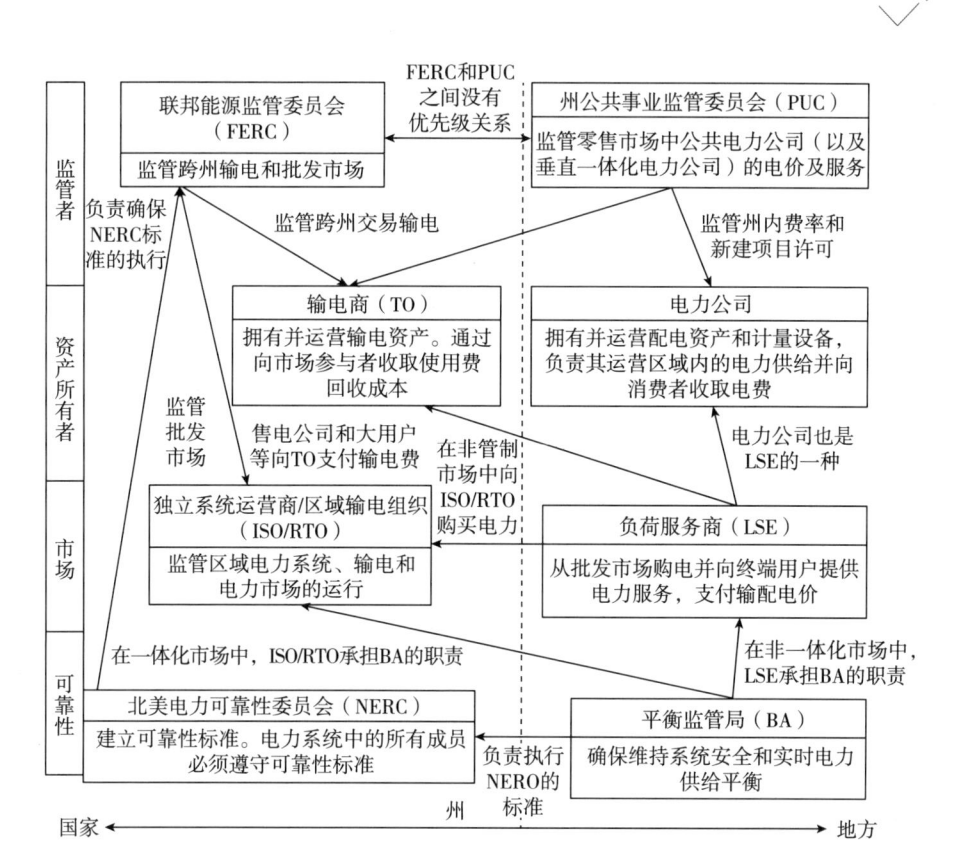

图 1 美国电力行业运行和监管体系

资料来源：笔者根据 Regulatory Assistance Project（2016）绘制。

三 美国输配电价格规制机制

如上所述，美国输配电价规制的主流模式仍是成本加成（Cost of Service Regulation）或者说收益率规制（Kirsch and Morey，2016），但由于各州规制机构有权决定本州范围内采用的规制模式类型，因此面对不同的经济环境、政策要求及其他外部因素变化，各州规制机构都进行了一定程度的规制模式改革，逐步形成了具有本地特色的规制模式。一些州已经开始应用激励性规制（Incentive Regulation，IR）模式，即基于绩效的规制模式（Performance-based Regulation）。总体来看，美国目前应用的激励性规制模式主要有三类：效率导向型激励机制、特定目标导向型激励机制和附加型激励机制。

(一) 输配电价规制改革背景

在传统的服务成本规制下，规制机构不定期地对被规制企业的基础价格（Base Rates）进行审查，基础价格主要用来回收企业除能源投入成本（燃料费、购电费）外的其他成本（Kirsch and Morey，2016），如工资、材料费、资本支出等。在规制机构进行新的价格审查（Rate Case）之前，被规制企业的基础价格固定不变，通过基础价格获得的收入仅随用户总用电量的增长而增长，当非能源投入成本的增长速度快于企业收入的增长速度时，企业有权要求规制机构重新进行价格审查和制定新的价格，以应对成本上涨的压力（Lowry, et al.，2017）。在中短期内，企业的非能源投入成本主要由系统最大负荷量决定，而系统最大负荷量与电力总用户数密切相关，这是因为在电力总用户中以居民和小型商业用户为主，而这两类用户更倾向在系统需求高峰时用电。电力总用户数越多，对系统负荷的需求就越大，企业非能源投入成本上涨的幅度也就越高，这表明电力总用户数是决定企业非能源投入成本变化的关键因素。规制机构在决定是否进行新的价格审查时需要考虑企业收入变化与成本变化的对比情况，使用的指标为用户平均用电量（Volume per Customer），也即电量与总用户数之比，当该比值增加时，表明总用电量增加带来的收入上升可能已经超过总用户数增加导致的成本上升，此时无须新的价格审查，被规制企业可以轻易地覆盖成本支出并获得额外收益（施子海等，2016）。

在20世纪90年代前，美国输配电部门的公用事业企业处于相对较好的外部经济环境中，居民和商业用户对电力的需求逐年上升，同时用户的平均用电量总体呈快速上升态势，由此为企业带来的收入增长不但能够覆盖通货膨胀等因素导致的非能源投入成本的上涨，而且能够激励企业在准许基础价格不变的条件下增加投资（Jump and Byrne，2003）。但是，进入90年代以后，电力企业所处的外部经济环境发生了变化，经济整体的增速有所放缓，用户的平均用电量增速急剧下降，在投入要素价格上升和能源投入成本增加的压力下，被规制企业的收益不断减少，甚至出现收入难以回收成本的情况。为应对这种不利局面，规制机构提高了对被规制企业进行价格审查的频率，以便及时地调整基础价格。数据表明，20世纪90年代后美国的价格审查次数出现了大幅上升且在审查后将价格调低的情况很少。频繁的价格调整带来了较高的行政成本，还使企业意识到为降低成本所做的努力并不能为其赚取额外的收益。相反，企业所增加的成本却在新的价格水平下得到补偿，这显然削弱了服务成本规制下本来就有限的成本规制激励作用。此外，设备老化、支出增加等都要求对企业价格重新进行审查，这不但加剧了规制机构的行政负担，也进一步降低了企业提高效率的动力。

除了外部的经济环境变化，新能源的发展也对企业的收入产生影响，尤其是分布式电源（Distributed Energy Resources，DER）的出现，用户的平均用电需求受此影响进一步降低（Baatz，et al.，2018）。随着规制机构对环境问题的关注度日益上升，规制政策的目标开始更多地转向促进新能源的发展、节能减排等方面（Lazar，2016）。在传统的服务成本规制下，企业投入成本增加并不能获得额外的收益，反而会因新技术等不确定性因素产生经营风险，因此企业没有动力进行技术创新以提高相应的绩效，规制机构致力于推动环境友好的政策目标难以实现。因此，美国各州的规制机构开始寻求改变传统的规制框架的路径，以引入更多的激励性因素，激励被规制企业在实现规制政策目标、提高相应的绩效表现等方面做出更多的努力，因此，基于绩效的规制开始得到更多规制机构的关注。

基于绩效的规制也称激励性规制，是指规制机构通过为被规制企业提供增加收益的机会，激励企业提高在某一方面绩效（Comnes，et al.，1995）。当企业的绩效达到或高于相应的标准时，可以获得超出准许水平的额外收益。最典型的绩效是被规制企业的成本水平，企业为控制成本所付出的努力水平并不影响可获得的准许收入，企业有动力通过提高运营水平、降低成本增加收益。除成本外，其他方面的绩效如用户满意度、供电可靠性、长期投资等，都是规制机构关注的目标，基于绩效的规制同样可以约束和激励被规制企业的行为。

（二）效率导向型激励机制

效率导向型激励机制也可视为跨年度价格机制（Muti-year Rate Plan，MRP），即规制机构事先规定在一次价格审查后的几个年度内不再进行价格审查，一般为3—8年。在传统的服务成本规制下，两次价格审查之间的时间间隔被称为规制时滞（Regulation Lag），规制时滞的存在可以起到激励被规制企业降低成本的作用，因为在此期间价格不做调整，企业降低成本所获得的收益可以得到保留，直到下次价格审查时规制机构对价格重新做出调整。效率导向型激励机制可被视为服务成本规制下激励作用原理的延伸，规制机构在每一轮规制期初进行价格审查时按照服务成本规制下的要求设定准许价格，并允许在特定时期内准许价格固定不变或按事先确定的规则进行调整（Comnes，et al.，1995）。在此机制下，被规制企业降低成本所获得的收益是充分确定的，企业有足够的动力提高效率以赚取额外的收益。但是固定模式在企业成本提高时，不存在校正机制来弥补企业收益的损失，企业也需要承担一定的风险。其间，价格可以固定不变，也可以根据预期通胀率、效率提高值等进行调整。为了使被规制企业明确何种范围和程度降低成本的努力可以带来确定的收益增加，规制期间的价格调整机制需要在上一次价格审查时就预先设定，以此消除企业面临的不确定性，保证激励的效果。虽然服务成本规制和效率导向型激励机制在激励企业降低成本方面的作用原理类似，但由于具体的实施机制不同，在激励效果方面二者有明显差异。在服务成本规制下，规制机构制定下一轮规制期的价格时需要对成本作出预测，而预测的主要依据是过去几年的实际成本。如果企业的实际收益在规制期内低于或高于准许收益水平，被规制企业或规制机构、消费者等相关利益方均有权要求重新进行价格审查。虽然在规制期内不直接以企业的实际成本作为依据制定价格，但企业的当期价格和当期实际成本之间仍存在较为紧密的联系。而在效率导向型激励机制下，被规制企业的当期价格和当期实际成本之间完全脱钩，企业实际成本的改变不会影响价格的调整，企业就有了采取措施降低成本的动力。

1. 效率导向型激励机制的关键要素

效率导向型激励机制的设计主要考虑四个方面的关键要素，即规制期长短、规制范围、初始准许价格的设定方法以及规制期内价格调整机制，具体如下。

第一，与规制时滞的概念相同，效率导向型激励机制下的规制期就是两次价格审查之间的时间间隔，通常由规制机构事先决定。规制期越长，在价格固定或按事先设定的规则进行调整的情况下，对被规制企业降低成本的激励作用越明显，企业可以在更长的时间范围内保留降低成本所获得的额外收益。

第二，规制范围是指通过效率导向型激励机制回收的成本类型和份额。被规制企业的部分成本可以通过单独的机制进行回收，如成本追踪器、延期账户以及其他的校正机制，除此之外，运营维护支出、资本支出等在内的成本都属于效率导向型激励机制的规制范围（The Australian Competition and Consumer Commission，2012）。由于单独机制回收的成本与企业的收入密切相关，企业没有动力降低这部分成本。但是，通过效率导向型激励机制回收的成本不影响在规制期初已设定的准许价格及其调整，因此，规制范围越广，企业的收入与实际成本的相关性越弱，对被规制企业降低成本的激励效果则越强。

第三，初始准许价格是指经过价格审查后所确定的规制期内第一年度的准许价格，是规制期间其他年度价格调整的基础，其设定方法主要包括基准年法（Test Year）和相对绩效比较分析法（Benchmarking）。基准年是指过去或假定的 12 个月份，规制机构根据这一时期的数据，估算被规制企业在下一轮规制期第一年度的成本和相应的准许收入，并以此设定准许价格。基准年法的执行关键是匹配原则，即被规制企业的准许收入要与规制机构使用该方法所估算的企业实际成本加上一定的合理收益相一致。基准年又分为历史基准年（Historical Test Year）和未来基准年（Future Test Year）。历史基准年通常是指过去的某 12 个月份，其距离价格审查的时间点间隔不远，规制机构根据这 12 个月份的实际数据确定下一轮规制期的初始准许价格，如作为规制期第一年度的 2020 年的准许价格可以使用 2018 年企业实际的成本和收入等数据来确定。尽管历史基准年法使用相对比较客观的实际数据设定价格，但该方法忽略了未来时期相对于过去时期的情况变化，为了弥补这一缺陷，规制机构可以根据预期的差异对数据进行调整，以尽可能地反映情况的变化。未来基准年法为规制机构对下一轮规制期第一年度的成本、收入等进行预测，根据预测的数据设定初始准许价格，这种方法保证了所用数据与规制期的匹配，但由于这种匹配是基于数据的预测，在信息不对称的情况下，被规制企业比规制机构对未来的情况更为了解，更易操纵预测过程，从而导致制定的初始准许价格出现错误和偏差。相对绩效比较分析法首先通过确定绩效标杆，将被规制企业与行业效率最高的企业相比较，以确定被规制企业在下一轮规制期第一年度的有效成本；在此基础上，规制机构将初始价格设定在使被规制企业仅能回收有效成本和获得合理收益的水平上。

第四，在规制期内进行价格调整是为了应对通货膨胀、用户数增加等因素引起的成本上升压力（Sappington and Weisman，2016）。规制机构通过事先制定的调整规则，使价格在规制期内自动调整，但价格调整要独立于企业的实际成本，以确保调整机制不会削弱被激励企业降低成本的强度。由于规制机构也可以对企业的准许收入及其调整进行规制，规制机构在规制期内调整机制前还需要在调整收入与调整价格之间进行选择。在对收入进行调整时，企业获得的准许收入与其电力需求量完全脱钩，从而降低了用户需求量减少所导致的收入难以覆盖成本的风险；在对价格进行调整时，设定价格所依据的用户需求量在规制期初价格审查时就需要事先决定，但是在规制期内出现用户实际需求量下降的情况时，即便价格做出了调整，企业仍可能无法获得必要的收入来补偿成本。

2. 规制期内价格调整机制

在规制期内对准许价格进行调整是效率改善型激励机制最为重要的特征，这种机制被称为差别调整机制（Attrition Relief Mechanisms，ARM），用公式可以表示为：

$$P_t = P_{t-1}(1+\Delta ARM) + Z$$

式中，ΔARM 为按照一定的规则或方法对准许价格调整的值；Z 为其他外生因素的影响。调整的方法主要有四种，具体如下。

第一，指数法（Indexing），主要是指 I-X 法。I-X 法规定被规制企业的准许价格（或收入）在规制期内按年度进行调整，调整幅度等于通货膨胀率 I 减生产率提高值 X，通过该方法调整的规制机制也被称为价格上限规制（或收入上限规制）。其中，I 和 X 的设定又有两种不同的方式，一种方式是 CPI-X，由于以 CPI 表示的通胀指数反映了经济整体多部门价格的变化情况，其值已经包含了经济整体平均生产率提高对价格的影响，规制机构在设定 X 值时，应仅考虑被规制行业整体生产率提高值超过经济整体生产率提高值的部分（Meitzen，et al.，2017），在实践中需要将被规制行业和经济整体的历史数据作为设定的依据。在另一种方式下，规制机构使用被规制行业的投入价格指数计算通货膨胀 I，则 X 值应根据被规制行业整体的生产率提高值来设定，无须再减去经济整体的生产率提高值。指数法保证了在规制期内当通货膨胀等外部因素推动成本上升时，企业的收入能够得到相应的调整以应对成本的变化，同时，激励机制对企业降低成本的激励效果也不会因此受到削弱。由于 X 值基于行业整体历史数据设定，可以预测在新的规制期内，企业的实际生产率提高值是否会超过设定值（Meitzen，et al.，2018）。为了使用户及时享受生产率提高带来的好处，规制机构通常会在 X 值的基础上增加一个用户分成因子。但是，基于历史数据进行调整的依据是长期成本变化的趋势，当某一年度的资本支出发生较大变化时，相应的价格（或收入）调整可能不足以补偿成本变化，造成企业收益大幅下降。指数法调整也有一个缺陷，规制机构为制定合理的生产率提高值应对被规制企业的资本成本进行测算，但测算方法相对复杂且具有一定的争议性，因此，指数法仍需要在实践中不断完善以提高可操作性。

第二，成本预测法（Forecasts），也称阶梯法（Stair-step）。规制机构在每一轮规制期初都要对被规制企业未来规制期内每一年度的成本进行预测，根据预测结果事先对各年度的准许收入及其调整作出规定。被规制企业每一年度的准许收入由投资回报额、年度折旧、税收成本以及运营维护支出构成。

其中，投资回报额=（资产基数+运营资本）×加权平均资本成本，规制机构需要根据历史数据来计算企业有效的资本支出，或者通过独立的第三方机构依据企业提供的信息进行测算，并在此基础上综合考虑其他可能的影响因素，以求能够合理预测规制期内的投资回报额（The Australian Competition and Consumer Commission，2012）。每一年度的资产折旧主要采用直线折旧法计算，由此得到的数值可以相对真实地反映未来规制期内资产的折旧情况；有效的运营维护成本则仍需根据历史水平进行测算，并依据预期的相关变化进行调整。应用成本预测法进行调整的一个优势是当被规制企业的成本在规制期内发生预期中变化时，准许收入可以及时调整，从而有助于企业规避相应风险。当规制期内企业的实际成本与预测的成本不一致时，收入可以不做调整，对企业来说这意味着可以通过降低实际成本的方式获得额外的收益，规制的激励效果得到了有效保障。但是仅按预期内的成本变化进行调整，当出现通货膨胀等因素导致的未在预测范围内的成本上涨时，被规制企业可能无法获得相应补偿。除此之外，成本预测法虽然在理论上具有较高的吸引力，但如何在实践中保证预测成本的公正、有效、合理，仍是规制机构面临的巨大挑战。为了使成本预测结果更具说服力，规制机构需要投入大量的资源对企业的成本和效率进行分析（Comnes, et al., 1995），这无疑会给规制机构增加巨大负担。目前，采用成本预测法的有美国加利福尼亚州、纽约州、乔治亚州和北达科他州。

第三，混合法（Hybrids）。混合法将指数法和其他调整方式结合起来，共同对规制期内企业的准许价格（或收入）进行调整，这种方法最早在1985年被加利福尼亚州公共服务委员会用于几家大型电网企业的规制，后来逐步被其他一些州所借鉴和采用（Kirsch and Morey，2016）。最为流行的混合法调整方式是分别使用不同的方式调整价格（或收入）来应对运营支出和资本支出的变化，在美国，运营支出按照指数法调整，资本支出按照成本预测法调整是最为流行的一种混合法调整方式。这样做的依据是，运营支出更易受通胀因素的影响，也更容易获得相关数据进行效率的测算和分析，因而更适合指数法调整；资本支出更易受特定投资项目的影响，而这些投资项目一般要么在规制期初规划实施，要么可以进行预测，因而更适合成本预测法（Lowry, et al., 2017）。

第四，价格冻结法（Rate Freezes）。在规制期内，被规定企业的基础价格保持不变，收入变化仅取决于用户平均用电量等因素。这种方式的有效性主要依赖电网企业所处的运营环境：通胀率和资产项目投资等增长缓慢、企业兼并的规模效益有利于成本控制，仅仅依靠用户用电量增加带来的收入上升就足以覆盖成本的上涨。当上述情况发生变化时，如对输配电网的升级改造、实现新能源发电的海量接入等，都需要较高的资本投入，单纯的固定不变机制已无法实现对企业成本的补偿。此外，在这种规制方式下，企业有动力增加电力输配量以扩大收入、增加收益，不利于企业进行需求侧管理、提高用户能源使用效率（这意味着更少的电力输配量）。

设计效率导向型激励机制的四个关键要素的具体特征由规制机构决定，美国各州规制机构基于各自的规制政策和实际情况进行考量，设计了不同的效率导向型激励机制。从规制期时长角度来看，美国各州规制机构为输配电企业制定的规制期时长要普遍低于英国、澳大利亚等国，一般为3—5年（Kirsch and Morey，2016）。在规制范围方面，各州纳入效率导向型激励机制框架下进行规制的成本类型和份额也不同，但总体上通过其他附加机制回收的成本较少。规制机构在使用 $I-X$ 法对规制期内的价格（收入）进行调整时，可以先制定第一年的初始价格（或收入），然后在第一年的基础上按照 $I-X$ 的方式进行调整，也可以先决定整个规制期内的 X 值，然后再制定第一年度的初始价格（或收入）（Sappington and Weisman，2016）；使用成本预测法调整也有不同的方式：规制机构既可以对规制期内每一年的成本分别作出详细的预测；也可以只详细预测第一年的成本，剩余年度的成本则仅在第一年度的基础上做有限的调整。

3. 机制附加条款

效率导向型激励机制可以有效激励被规制企业提高效率，从而增加社会总福利，但从规制机构和用户代表的角度看，企业赚取的较高额外收益很可能会超出可接受的范围，这显然不利于收益的公平分配。另外，由于存在未预期的外部环境变化，被规制企业可能会面临实际收益远低于准许收益的风险，在这种情况下，规制机构在制定效率导向型激励机制时将很难与被规制企业达成一致的协议。为应对上述问题，效率导向型激励机制还需要附加一些相关条款，以保证规制双方及用户都能够实现合理的诉求。

第一，收益分成机制（Earnings sharing mechanisms，ESMs）。在该机制下，规制机构在规制期内对被规制企业的资产报酬率（Return on Equity，ROE）进行审查，如果实际报酬率超过准许水平，则超出的部分需要通过降低价格等方式与用户分享；如果实际报酬率低于准许水平，则可以通过提高价格等方式对企业进行部分补偿（Comnes，et al.，1995）。在实践中，准许的报酬率通常会被设置成区间的形式，只有当企业的实际报酬率超出准许的范围时，规制机构才会执行收益分成机制。此外，收益分成机制的设定通常是不对称的，即用户可以分享企业超出准许水平的部分收益，当实际报酬率未达到准许水平时，则被规制企业需要独自承担收益损失（朱继忠，2016）。

第二，再定价条款（Rebasing Provisions）。在新一轮规制开始前，规制机构都要根据企业的成本重新设定初始价格。效率导向型激励机制在规制期内的价格调整并不依赖企业成本的变化，而再定价条款的加入使企业的价格在新一轮规制中与成本重新产生关联，在上一轮规制中无法完全回收成本的企业有机会在新一轮规制期内获得足够的收入，在上一轮规制期内获得额外收益的企业无法在新的规制期内继续保留这些收益。

第三，再谈判条款（Off-ramp Provisions）。再谈判条款规定在某些情况下，可以终止或重新制定效率导向型激励机制，如税收、利率等发生超预期的变化就属于此类情况，但规制机构通常不会限定可以执行该条款的具体情况，甚至只要相关利益方能够提供足够的证据证明：现行效率导向型激励机制下出现的某些问题只有通过终止实施并重新制定的方式才能够解决，而无法在现行的机制下使用其他途径解决，那么该条款就可以被执行。

（三）特定目标导向型激励机制

特定目标导向型激励机制用于激励或约束电网企业提高其在特定规制目标方面的绩效水平。监管机构根据企业的目标达成情况适时调整准许收入或价格，以对企业进行奖励或惩罚，目前这一机制已广泛应用于美国和其他发达国家的输配电价格监管中。特定目标导向型激励机制的规制目标通常包括被规制企业供电可靠性、安全和服务质量三项内容，针对这三项内容的机制统称为传统特定目标导向型激励机制。近年来，与发展分布式电源（Distributed Energy Resource Integration）和提高消费者参与度（Customer Engagement）等规制政策目标相联系的激励机制也得到了越来越普遍的应用（Baatz, et al., 2018），这类特定目标导向型激励机制旨在激励被规制企业实现在缺乏额外激励情况下不愿去追求的目标。规制机构同样关注能源效率问题及其可能对被规制企业回收成本造成的潜在不利影响，因此，许多规制机构采取了相关措施来激励被规制企业重视能源效率问题。以下介绍两种形式的特定目标导向型激励机制。

1. 传统型特定目标导向型激励机制

传统型特定目标导向型激励机制主要用于解决被规制企业在运营领域的一些基本问题，如提供可靠和安全的电力或天然气服务、满足消费者的需求以及保证员工的安全（Comnes, et al., 1995）。事实上，在上述领域采用指标跟踪（Tracking Metrics）的监管机制已有相当长的时间，规制机构通常要求输配电企业按照规定时间间隔（一般一年一次）报告其各项绩效指标，当绩效表现持续不佳时，被规制企业首先要自查原因，同时规制机构也会提出相关的改善建议。规制机构期望能够借助这种监管机制督促被规制企业实现既定绩效水平，但实际上该机制并没有真正起到约束和激励作用。为了进行更有效的监管，许多规制机构制定了适用于部分或全部上述领域的特定目标导向型激励机制，在新机制下，如果某领域的实际绩效水平向上或向下大幅偏离特定目标水平，将会受到相应的奖励或惩罚。调查表明，在美国至少有17个州正式采用了特定目标导向型激励机制，涵盖72家提供电力和天然气配送服务的公用事业企业（Lowry, et al., 2017）。传统的特定目标导向机制通常必须具备四个要素，即激励内容、绩效目标、可接受范围以及包含奖惩强度的激励机制，具体如下。

第一，传统的特定目标导向机制的激励内容可区分为系统稳定性、用户满意度和员工安全。系统稳定性指标主要针对电力公司，测量范围很广，如纽约公共服务委员会采取的测量范围就具体到修复损坏电线杆和拆除临时分流器等措施。最常见的系统稳定性指标是系统平均停电持续时间指数（System Average Interruption Duration Index，SAIDI）和系统平均停电频率指数（System Average Interruption Frequency Index，SAIFI）。顾客满意度指标主要关注被规制企业与电力用户交流的及时性（如服务预约和电话应答速度）和准确性（如计费准确性和定期抄表）问题，对用户服务满意度的调查也属于该指标的衡量手段和标准之一（Lowry, et al., 2017）。尽管每项特定目标导向型激励机制都针对特定领域的问题，但其设定需要进行综合考虑，以确保整体框架不会过于烦琐，因为报告和审查机制的过程会分别占用被规制企业和规制机构大量的物质资源与时间，从而产生过高的成本，当然，规制机构制定合适的机制框架是一项持续性工作，随着经验的积累，原始激励机制可以不断改进与完善。

第二，确定激励内容后，规制机构可以针对不同的激励内容设置可以量化的绩效目标，并按照达标情况进行奖惩。设定绩效目标的理想原则是实现收益与成本的平衡，被规制企业可以实现较高水平的服务质量，但成本可能也会很高，过高的成本水平也会偏离顾客对其服务质量价值的判断。因此，绩效目标应设立在被规制企业可以实现的水平上，否则会使特定目标导向型激励机制偏离相应的激励作用。规制机构在实践中通常用单一企业的历史绩效数据确定绩效目标水平，在这种情况下，规制机构无须考虑各企业之间的差异性，一般是假定随着时间的推移，被规制企业会估计边际收益和自身边际成本实现平衡时所达成的服务质量水平。还有一种方法是使用平滑平均值来设定绩效目标水平，但这种方法可能会造成激励扭曲，应用不多。由于技术的进步、投资的加强和业务流程的改进，已实现的服务质量水平可能会有所提高。因此，规制机构要定期收集清晰数据并且能够详细了解服务质量改善的原因，依据及时更新的绩效数据来设定新的绩效目标水平。

第三，在实践中，由于服务质量的相关收益和成本之间存在较大不确定性，很难准确地估计出服务质量的理想水平，各种不可控和不可预测因素的存在，使规制机构通常以绩效目标为中心，放宽一定的限度，设置一个可接受的绩效区间。如果企业的绩效表现处于该区间内，则视为达标，不对企业进行奖励或惩罚。可接受区间的大小根据企业对绩效水平的控制程度而定，控制程度越高，区间设置得越小，反之则越大。可接受区间可以根据百分比设置，例如，围绕顾客服务质量绩效目标值的可接受区间范围可设置为-1%或+1%。在大多数情况下，可接受区间在考虑标准差的统计基础上进行设置，标准差表明了一系列观测值的范围和变化情况，上述（-1%或+1%）的可接受区间范围应该能够解释约68%的影响绩效的随机事件，剩余影响绩效的因素如受被规制企业控制的行为可归因于非随机事件（Lowry, et al., 2017）。按照标准差设置可接受区间的方式已应用于多个州的特定目标导向型激励机制中，如马萨诸塞州公共事业部（Department of Public Utilities，DPU）在其激励机制设计中就使用了这种方法。

第四，包含奖惩强度的激励机制。对于绩效表现处于可接受区间之外的企业，规制机构需要决定如何对其进行奖励或惩罚，主要包括以下三个方面。

（1）对称性。在美国的规制实践中，多数目标激励机制都是奖惩不对称的。一般来说，针对传统型规制目标的激励机制是惩而不奖——当企业的绩效表现低于可接受区间的下限时，监管机构对其进行惩罚；当高于可接受区间的上限时，不对其进行奖励（Brown, et al., 2018）。因为传统型规制目标的绩效表现不达标会对用户产生较大影响，但企业并没有完全承担这种成本，而是部分转嫁给了社会，需要惩罚措施对其进行纠正；而当绩效表现超出一定的标准时，并不能为用户带来更多的边际收益，监管机构没有必要对其奖励。

（2）奖惩上限。对企业的奖励或惩罚应该有一个限度，如果将奖励或惩罚的数额定得过高，企业可能会通过牺牲成本效率或其他不在规制目标范围内的绩效表现满足监管机构的要求，这显然不利于企业维持正常的运营。

（3）绩效表现与奖惩额度的对应关系。指处于可接受区间外的绩效水平与奖惩数额之间的关系。例如，加利福尼亚州采用线性方式，奖惩数额与绩效表现正向相关；纽约州采用阶梯方式，进一步将绩效表现划分区间，不同区间的绩效表现水平获得不同的奖惩额度，同一区间的绩效表现获得相同的奖惩额度。

2. 新型特定目标导向型激励机制

新型特定目标导向型激励机制主要用于鼓励分布式电源投资，提高用户能源利用效率等新型多元化目标。与传统型相似，新型特定目标导向型激励机制一般也具备激励内容、绩效目标、可接受范围及包含奖惩强度的激励机制等要素。

纽约公共服务委员会制定的收益调整机制（Earnings Adjustment Mechanisms，EAMs）是美国规制机构应用新型特定目标导向型激励机制的代表（State of New York Public Service Commission，2018）。收益调整机制主要针对新型绩效目标而不是传统的服务质量问题，其中一些绩效目标与传统的服务成本规制模式中隐含的财务激励相悖。纽约公共服务委员会确定的激励内容包括峰值负荷降低程度、能源效率、用户参与度、支付能力和互联互通（Brown，et al.，2018）。在实践中，由纽约六家私营电力公司负责提出奖惩机制。机制的设计需要遵循的原则包括：①结果导向；②跨年度执行方案，以便被规制企业有足够的时间实现既定绩效目标；③设定奖惩机制中的最高收益额度。

随着节能减排观念的不断加深，能源效率问题越来越受到重视。据统计，2004年美国公用事业企业在能源效率方面的支出约为15亿美元，到2016年这一数额上涨到约77亿美元（Lazar，2016）。从全社会的角度来看，提高能源效率的举措十分有益。但从被规制企业的角度来看，能源效率的提高必然对企业自身电力销售带来不利影响。因此，为了消除企业顾虑，激励企业主动提高能源效率，美国已有24个州和华盛顿特区实施了旨在提高能源效率的特定目标导向型激励机制，大致可分为四种模式：①共享净收益激励模式（Shared Net Benefits Incentives），在该模式中，能源效率带来的收益（以成本与估计的节省电量价值之间的差额来衡量）由用户和被规制企业共享。②节能激励模式（Energy Savings-Based Incentives），在这种模式下，如果被规制企业实现了预先确定的节能目标（以 kW·h 为单位），则有资格获得相应的奖励（通常以总成本的百分比度量）。③多因素激励模式（Multifactor Incentives），这种模式更为复杂，通常与一系列其他目标联系在一起，如节能与就业机会的创造或服务质量的改进。④回报率激励模式（Rate of Return Incentives），这种方式并不常见，它将企业在能源效率上的支出等同于传统的资本支出，允许被规制企业按照一定的回报率获得相应的支出收益。

上述针对能源效率的新型特定目标导向型激励机制都是奖惩不对称的，即仅提供奖励而不具有惩罚措施，共享净收益激励模式是使用最为广泛的一种，目前已在美国11个州和华盛顿特区得到应用。其中，有5个州采用节能激励模式，还有5个州和华盛顿特区的部分企业采用多因素激励模式，而新墨西哥州是美国唯一使用回报率模式的地区。

（四）附加激励机制

附加激励机制的设计目标是保证被规制企业能够回收在特定领域的投资支出，如用于输配电网改造、提高系统稳定性和承载力等方面的支出，通过附加激励机制对企业准许价格或收入进行调整，能够帮助被规制企业获得足够的收入来补偿其在特定领域付出的成本。传统的燃料调整机制（Fuel Adjustment Mechanisms）和购电调整机制（Purchased Power Adjustment Mechanisms）与这类机制相似。需要指出的是，这类机制与效率导向型激励机制以及特定目标导向型激励机制有着本质的不同：一方面，附加机制的作用在于为被规制企业投资于一些有风险的领域提供保障，企业在这些领域前期投入的成本很可能会遇到延迟回收或不能回收的情况，这种机制并不是为了激励企业提高效率或绩效表现，而是为了能够消除投资风险。另一方面，附加激励机制为企业回收支出提供了完全保障。在这种机制下，企业的准许收入与实际成本之间关联密切，这与效率导向型激励机制的作用相悖。因此，附加激励机制实际上是规制机构为了消除整体规制框架中的部分风险，平衡被规制企业的风险和收益的措施，是对企业实施的整体激励性规制机制的补充。

附加激励机制主要分为两类，分别为公式价格调整机制（Formula Rates Adjustment Mechanisms）和追踪机制（Riders and Trackers Mechanisms）。公式价格调整机制通过调整被规制企业的准许价格或者用户收费账单上的独立项目（Separate Line Items on Customer Bills）确保企业能够在目标投资领域获得法定的股本回报率。在这一机制下，规制机构根据实际成本变化情况调整企业可获得的收入水平，也可以基于预测成本进行调整。企业实际成本的变化将很快反映在收入中，这在一定程度上会降低企业控制成本的积极性。

截至2016年，美国已有9个州17家被规制企业应用了公式价格调整机制（Sapppington and Weisman，2016）。以伊利诺伊州为例，2011年该州立法机构制定了《能源基础设施现代化法案》，标志着公式价格调整机制在伊利诺伊州正式推行，立法的主要目的是激励该州的被规制企业，因为在当前环境下进行投资的风险过大，所以立法鼓励该州规模最大的能源公司——联邦爱迪生公司（Commonwealth Edison，ComEd）加大对配电系统和智能电网的投资。该州的公式价格调整机制规定每年通过简化的监管程序（不涉及正式价格审查的程序）重新设定被规制企业的收入水平。联邦爱迪生公司表示该州制定的公式价格调整机制还应满足以下要求：降低监管备案的复杂性；降低被规制企业在配电业务中投资的风险；若被规制企业遵守监管机制，则应确保其投资得到法定回报；通过限制用户需求的增加（在最初几年）来保护用户免受大额投资风险的影响。为了获得预先确定的投资回报率水平，被规制企业有义务对配电系统进行某些特定类型的投资，它们还应履行某些满足特定绩效指标的义务。伊利诺伊州规制机构预计这些投资将会提高电力系统可靠性和用户满意度。联邦爱迪生公司认为，理想的公式价格调整机制适用于该公司在其配电业务中进行的所有投资内容，包括所有配电系统基础设施资产（如电线杆、变压器和变电站）以及涵盖硬件和软件的信息系统投资。理论上这种机制下该公司能获得相当于准许回报与运营维护支出总和的收入。但实际中该公司在公式价格调整机制下能够获得的收益取决于其能否满足一系列绩效指标的要求，包括系统稳定性、停电时间和频率、安全性、用户满意度、效率和生产率以及预算控制等，如果该公司未能满足相应的绩效指标目标，则会受到相应的惩罚。公式价格调整机制还规定了被规制企业可获得回报率的最大值与最小值水平，这一范围通常被称为"项圈"（Collar），一般设定为高于和低于准许回报率50个基点（5‰）。它为被规制企业弥补收入损失提供了一种校正机制，如被规制企业在过去一年的实际回报率低于准许回报率超过50个基点，那么该公司可以提出增加收入要求来提高回报率；相反，如果被规制企业的实际回报率高于准许回报率超过50个基点，那么该公司必须降低收入要求。

价格稳定和均衡机制（Rate Stabilization and Equalization）是一种特殊的公式价格调整机制，最初起源于阿拉巴马州，目前已被广泛运用于美国东南部各州。在阿拉巴马州，这一机制目前被应用于大多数电力企业，包括阿拉巴马电力公司（Alabama Power Company，APCo）、垂直一体化电力公司（Vertically Integrated Electric Utility）和阿拉巴马天然气公司（Alabama Gas Company，Alagasco）。这一机制最初是为了解决阿拉巴马电力公司成本上升带来的重复性价格审查问题，在此后数十年的应用过程中逐渐对其原始规范做出了调整和改善。该机制规定如下：规制机构需要在每年的1月审查阿拉巴马电力公司的预期回报率,将其与准许范围进行比较,并根据比较结果调整准许收入和价格水平,以使其在合理范围内波动;任何年份的回报率预期值的向上调整范围不得超过 5%,并且连续 2 年内向上调整的平均值不得超过 4%(Alberta Utilities Commission,2017);规制机构需将每年预期回报率与实际回报率(3 月)进行对比,同时根据需要调整准许收入或价格水平。目前,这一机制被美国众多规制机构视为一种创新型价格规制机制,它帮助阿拉巴马州和美国东南部地区实现了三个关键性的监管目标:为规制机构提供了更详细的成本审查的空间;降低了价格调整的频率,使价格水平趋于稳定和均衡;缓解了监管滞后问题。尽管价格稳定和均衡机制在一定程度上会降低企业控制成本的激励程度,但同时也使企业实现了更大的财务稳定性,而在该机制实施之前,阿拉巴马电力公司面临的最大困境就是财务不稳定和信用评级差。

追踪器机制(Riders and Trackers Mechanisms)是用于回收运营成本和资本成本的价格机制,一般通过调整准许收入或准许价格,或者调整用户收费账单上的单独项目来回收特定领域的成本。这一机制独立于价格审查程序之外,因此它是克服监管滞后和降低被规制企业投资风险的有效手段。调查表明,在美国各州存在应用这种机制的案例,涵盖了全美 257 家电力企业。追踪器机制应用的支出领域十分广泛,既可以是事先规划的企业投资项目的支出,如提高用户能源利用效率、电力系统升级等,也可以是处于预期之外的支出,如恶劣天气对输配电线路的损坏、燃料价格的突然上涨等。对于事先规划的支出,一般在事前按照预测值进行调整;预期之外的支出,需要在事后进行评估,根据评估结果调整,并在下一年或下一规制期内补偿。

四 美国输配电价规制改革案例研究

(一)激励性规制在美国的应用现状

美国的效率导向型激励机制,通常指的是跨年度价格机制(Muti-year Rate Plan,MRP)。加利福尼亚州规制机构最先开始制定并使用 MRP 模式对电力公用事业企业进行规制(Brown, et al., 2018),此后,艾奥瓦州、缅因州、马萨诸塞州和纽约州也相继建立了各具特点的 MRP 模式。但推动美国输配电行业规制模式从传统服务成本规制向激励性模式转变的主要力量来自电力公用事业企业。在美国一些州,如乔治亚州、明尼苏达州、华盛顿州等,电力公用事业企业已经向其规制机构提出议案,要求规制机构放弃传统的成本加成规制模式，转而采用激励性规制模式，佛罗里达、新泽西、弗吉尼亚等州的电力公用事业企业已经开始推动采用激励性规制模式，以便更有效地回收因新增投资产生的资本支出。

被规制企业倾向采用激励性规制模式的主要原因是企业外部环境变化时面临的用电需求增长明显放缓甚至出现停滞，加上不断增加的资本支出需求，需要一种新的规制模式来缓解企业压力。尽管出于外部环境及其他如环保因素的考量，被规制企业等一些相关利益方正在积极推动激励性规制模式的建立，但整体上激励性规制在美国并没有得到广泛应用，传统的服务成本规制及相应的改进模式仍然是美国许多州对输配电行业进行规制的主流选择。由于此前各州普遍都建立了较为完善的服务成本规制体制并且已实施多年，积累了大量的实践经验，规制机构作为服务成本规制模式的建立者，对这套机制的运行也更为熟悉和了解。当新的问题出现时，规制机构往往首先想到的是如何在原有模式的基础上对其进行修补和改进，如通过收入脱钩解决用户平均用电需求下降的问题，或者更广泛地使用成本追踪器来回收上涨的支出费用，从而保证传统模式能够继续发挥规制作用。另外，规制机构也主动改进服务成本规制模式，引入激励性因素以提高企业在某一方面的绩效表现。

美国规制机构认为，从传统规制向激励性模式转变存在较大的风险，在缺乏经验的情况下，难以确定新的规制模式是否可以有效地激励被规制企业提高效率（Lazar，2016）。其他一些国家的实践经验也表明，传统服务成本规制下暴露的问题如频繁的价格审查和广泛的应用成本追踪器等，在激励性模式下仍然有可能出现。制定新的激励性规制模式还有可能引起各相关利益方的争议，在制定过程中，规制机构、用户代表及被规制企业出于各自利益考虑可能很难达成一致的协议，进而导致规制改革陷入停滞不前的境地。虽然一些被规制企业在成本压力的作用下积极推动着激励性规制模式的实施，但仍有许多企业认为通过更频繁的价格审查和更广泛的应用成本追踪器，不但可以较为轻易地将上涨的成本转嫁给用户，而且有机会获得比激励性规制模式下更多的收益或更容易获得同样的收益。因此，企业推动规制模式改革的动力有所下降。从保护用户权益的角度看，用户代表在激励性规制模式中起到的作用不如在传统服务成本规制下明显。在传统模式下，用户代表参与每一次的常规价格审查，监督规制机构都会降低被规制企业的准许收入，而在新的模式下，用户参与监管的机会将大大减少，这显然不利于用户权益的保护和伸张，从而降低了用户对规制模式改革的支持力度。在其他一些国家，激励性规制模式实施的主要推动力来自规制机构和相关的政策制定机构，各州规制机构的权力空间有限,其决策易受行政机构和不同政治势力的左右,依靠其单独推动规制模式改革的难度较大,这也是激励性规制目前在美国应用不普遍的重要原因之一。

激励性规制模式在美国能否得到更普遍的应用还依赖外部环境的变化和各相关利益方的博弈(Ter-Martirosyan and Kwoka, 2010)。2019 年,政策咨询机构 Utility Dive 针对美国各电网企业的管理者进行了一项调查,调查内容包括目前应用于受访者所在电网企业的价格规制模式、受访者预期 10 年内将会应用的模式以及期望在未来应用的模式。调查结果如图 2 所示,可以看出,目前大部分企业仍服从于收益率规制或直接由政府(或相关人员组成的监管委员会)进行审查的模式;但在未来这一情况很有可能会发生改变,因为有大约半数的受访者预期在未来 10 年内将会应用收益率规制与激励性规制相结合的模式或者以激励性规制为主导的模式,而在反映企业意愿的期望应用模式上,上述两种模式的比例之和甚至占到了近七成。这表明,美国电网企业同样青睐在输配电价监管中引入激励性规制(包括 RPI-X 规制),因此,总体来说,激励性规制在美国未来的输配电价监管中应该会得到更广泛的应用。

	目前应用的模式	预期10年内将会应用的模式	期望应用的模式
收益率规制与激励性规制相结合的混合规制模式	22%	35%	37%
以激励性规制为主导的规制模式	4%	14%	32%
传统收益率规制模式	34%	9%	5%
由监管委员会或政府审查的模式	35%	29%	12%
不确定	5%	13%	14%

图 2 针对美国电网企业管理者的调查结果

(二)纽约州输配电价规制改革

与美国许多司法管辖区一样,纽约公用事业监管的总体框架由州法律和公共服务委员会政策共同决定。20 世纪 90 年代中期,纽约州将 MRP 模式应用于电力行业输配电环节的规制中（Brown, et al., 2018）。当时的电力行业还保持着垂直一体化的运营模式，而自电力行业分拆重组后，纽约州也积攒了超过15年对输配电行业实施MRP模式的经验。该州MRP模式的具体机制实施方案是由各利益相关方经过协商后制定的，其中负责对电力行业进行规制的机构为纽约公共服务委员会（New York's Public Service Commission）。纽约公共服务委员会（以下简称纽约委员会）之所以选用MRP模式，主要是基于以下几点考虑：①MRP模式可以显著降低规制机构的行政负担和规制成本。由于纽约州经济规模较大，该州共有六个私有电力公用事业企业（Investor-owned Electric Utility）需要进行规制，同时纽约委员会还负责对天然气等其他能源行业进行规制，亟须通过合理的规制机制设计使有限的行政资源发挥更有效的作用。②MRP模式有助于激励被规制企业降低成本。纽约委员会意识到，传统的价格规制模式具有成本加成的性质，可能导致被规制企业内部运营效率降低，而MRP模式通过较长的规制期为企业提高效率以获取额外收益提供了保障，显然是一种更好的选择。③纽约州长期以来在价格审查中使用未来基准年法设定初始准许价格，这为MRP模式的实施提供了有利的条件（State of New York Public Service Commission, 2018）。在纽约，MRP通常是与利益相关者（包括用户代表）协商解决的结果。监管机构在纽约委员会协商解决失败的情况下裁定费率计划。纽约州MRP模式的规制期一般为三年，通过未来基准年的方法设定初始基准价格，并在费率情况下每年都有预先设定的收入调整（Mandel, 2015）。实践中纽约委员会预测的结果很大程度取决于过去发生的实际成本数据，其在规制期内对价格进行调整的方法是成本预测法。

纽约州还使用特定目标导向型激励机制引导被规制企业关注除成本外的其他绩效表现。其中对服务质量和供电稳定性两方面绩效特征的关注尤为长久，20世纪90年代就已经制定了相关的标准并且不断进行改进和完善，从而提高相应的激励强度，如果企业没有达到目标水平的绩效，则将会接受财务惩罚。MRP也增加了一种回收机制，将企业资本支出不足的好处返还给电力消费者。从衡量供电稳定性的供电中断时间和频率等指标也可看出，该目标导向激励机制在过去取得了良好的效果。针对一些重大事件和资产管理活动，纽约委员会也制定了专门的绩效激励机制。2007年，纽约委员会开始恢复实施20世纪90年代早期就产生的收入脱钩机制并对其进行相应的改进，目的是消除被规制企业只提高电力销售量的动机，转而进一步推动新能源和分布式电源的应用。纽约MRP通常具有不对称的收益分享机制（ESMs），只分享盈余收益（Brown, et al., 2018）。如果实现的股本回报率超过授权金额，则将两者之间的部分差额返还给用户；如果实现的股本回报率低于授权金额，客户则无须补足任何差额。单向的收益分成机制（用户只分享被规制企业正的收益而不补偿损失）也在这一年被引入纽约州的输配电规制，用以在企业和用户之间分配超额收益，纽约委员会设置了两个可接受区间，被规制企业可以保留第一个可接受区间内的全部超额收益，而对处于第一个可接受区间与第二个可接受区间之内的超额收益，企业可以保留50%，超出第二个可接受区间的超额收益，则企业只能保留15%。可接受区间的范围取决于被规制企业供电稳定性的表现，企业的供电稳定性越差，纽约委员为其设置的可接受区间越低，企业将超额收益转移给用户的比例就越高。

美国电力行业目前正处于根本性变革的转型时期。许多州正在进行广泛的监管调查，讨论如何使陈旧的配电系统现代化、电价设计等相关问题。系统规划是这些新的监管程序的核心。监管机构正在探索资源规划的变化，重点是如何将技术变化纳入系统规划，且需要考虑到不同州的公用事业企业在分布式资源规划中的参与程度不同（Baatz, et al., 2018）。[①] 2014年4月，纽约委员会提出了一项"能源愿景改革"计划（Reforming the Energy Vision, REV），目的是改革过去的规制机制，帮助电力公用事业企业更好地适应快速变化的外部经济环境和政策要求，以及应对分布式电源等新技术兴起带来的不确定性（Mandel and Spiegel-Feld, 2015）。该改革计划是美国各州规制机构力图引导电力公用事业企业实现一系列公共政策目标的主要代表，是纽约州推动新能源和分布式电源应用的实践。REV计划和其他州改革计划类似，正在扩大传统的绩效激励范围，其总体目标是创建更高效的、以客户为中心和环境可持续的电力系统，通过使用分布式能源构建一个更有弹性的电网。纽约州通过"能源愿景改革"（REV）进程，专注于市场转型、公用事业商业模式的增强和费率改革，目的是利用分销公司作为平台，促进能源和能源服务的交易，推动对DER的投资。公用事业公司被要求提交年度分布式系统实施

[①] 加利福尼亚州在开发正式的分布式电源规划过程方面是最先进的。加利福尼亚州的做法主要侧重整合各级规划进程，以优化报告整合。加利福尼亚州公用事业委员会（CPUC）正在领导这项工作，开发统一的工具和方法进行配电系统的规划和分析，重点是评估托管容量、位置价值、运营和DER调度，以满足可靠性需求。此外，加利福尼亚州还依赖一系列示范项目，以测试在系统规划中使用降效报告满足制约因素的工具和各种办法。华盛顿州的改革进程尚处于初期阶段，正在积极讨论以提高防务改革报告的渗透率。讨论的最初重点是估价方法的改进和承认不同时间和地点的降损率的好处。华盛顿州的市政公用事业公司塔科马电力公司也表示使用节能降压作为目标是提高能源效率的一种选择。

计划（DSIP），这些计划主要是为了创建系统规划的综合方法，强调整合生态系统（包括效率）的创新方法，以实现具有成本效益的传统基础设施延期；同时，使用示范项目实时测试新的监管方法。

该计划主要包含两部分内容：一部分内容是为输配电企业未来的角色作出了重新定义，将其视为输配电服务平台，通过先进的智能电网技术为用户侧的分布式电源及电力服务企业提供输配电服务（State of New York Public Service Commission，2018）。其中，风险管理和创新被认为是决策者面临的重要挑战，基于原则的方法可能也比严格的处罚更适合高度分布式的电力系统。另一部分内容则重点针对规制机制的修改和设计，提出了具体的方案。①此前，纽约州的规制机制包含了一项追回条款，当被规制企业实际的资本支出低于规制期间价格调整机制设定的资本支出预算时，其节省的资本支出要返还给用户。该条款与纽约委员会希望被规制企业更多地投资于分布式电源等用户需求管理项目的目标产生了冲突，由于分布式电源项目的建设主要是通过运营支出而不是资本支出来实现的，如果企业选择分布式电源项目而不是支出更高的其他资本项目，那么实际资本支出将会减少，减少的资本支出不但不能为企业所保留，而且会减少可获得准许回报的资本基数，进而减少企业的准许收益。为避免这一冲突，纽约委员会规定，即使其他的资本支出项目没有实施，这些项目所需的资本支出数额也可以计入资本基数，被规制企业因而仍可获得同样的收益水平，但是被规制企业需要提供证明，以保证是以分布式电源等用户需求管理项目替代了其他的资本支出项目。纽约委员会也表示将在未来进一步修改该追回条款，如将节约的资本支出在用户和企业间进行分配，并将分配的期限延长。②纽约州设计了收益调节机制（Earnings Adjustment Mechanisms）的特定目标导向型激励机制，通过为企业实现特定的绩效目标提供额外的奖励，纽约委员会希望该机制可以起到桥梁作用，帮助被规制企业平稳度过平台转型的一段时期。纽约州的收益调节机制依据企业的绩效结果而不是投入或特定项目的完成度等其他指标来评价企业的目标实现情况，并且这些目标不局限于企业直接控制的活动。该机制的实施时间是跨年度的，以保证被规制企业有足够的时间达到相应的目标要求。纽约委员会还对该机制下企业可能获得的收益设置了上限，收益率最大可增加 100 个基点，并且通过设置不对称的目标激励，保证企业的绩效收益为正。纽约委员会主要对如下几个方面的绩效目标提出了要求：一是系统效率（System Efficiency）。纽约委员会鉴于纽约州目前低效的电力系统使用情况，将该目标置于优先考虑的级别，要求被规制企业降低峰值负荷，提高资产的利用率。二是能源效率（Energy Efficiency）和需求响应（Demand Response）。纽约委员会将对被规制企业从能源效率项目中节约的电量和降低的负荷需求进行测量，并参考单位用户用电量等指标对企业的能源效率表现进行评价。三是互联互通（Interconnection）。主要针对分布式电源以及储能项目的并网接入问题，纽约委员会对连接是否及时、用户对分布式电源连接质量是否满意等方面进行考核。四是用户参与度。目的是激励被规制企业致力于吸引用户使用太阳能等新能源。对该州使用的所有收益调节机制，纽约委员会每年都要进行审查，以确定是否需要做出必要的修改（Brown, et al., 2018）。③纽约委员会认为，REV计划实施的初期属于过渡时期，需要更高水平和更严格的规制监管以实现平稳过渡，因此，仍将保留此前制订的三年规制期，而不是将其延长至五年。同时，纽约委员会也强调，更长的规制期有利于激励企业降低成本、提高绩效，因此，在必要的时候也会考虑延长规制期。

除上述方面，纽约委员会也考虑将资本支出和运营支出共同作为总支出来计算准许收益。如果只将资本支出计入规制资产价值（Regulatory Asset Value, RAV），则即使运营支出能够以更低的成本实现同样的绩效目标，被规制企业也会更倾向使用资本支出而非运营支出；如果将二者合并后的部分总支出资本化作为计算准许收益的基础，剩余部分则直接通过基础价格进行回收。对于企业而言，无论是选择资本支出还是运营支出，实现的目标均无差异，同时通过允许部分资本支出快速回收，可以提高被规制企业在不确定性条件下进行投资的意愿。

作为能效审查进程的一部分，纽约公共服务部发布了一个社会估值框架，以利用能效组合所使用的传统成本效益测试，并通过更细致的成本和效益核算，准确地反映出降效报告的全部价值。该框架能捕捉能源和需求节省的时间和地点价值，但要求公用事业企业提交此类价值估计。

"能源愿景改革"计划的制订在一定程度上借鉴了英国的规制改革经验。英国规制机构Ofgem在2010年建立了一项名为"RIIO"（Revenue = Incentives+Innovation+Outputs）的规制机制，以替代此前采用的收入上限规制。自该机制在英国输配电部门应用以来，取得了良好的效果（张世翔等，2018），这也为美国纽约州的规制模式改革提供了实践支持。考虑到英美两国不同的政治、经济和规制背景和具体机制设计的差异，纽约州的改革计划能否取得相似的效果还有待进一步的检验（Makholm, 2016）。

五　对深化中国输配电价规制改革的启示

在电力改革过程中，合理借鉴国外规制经验，探究这些国家实施规制成功或失败的内在原因非常必要，通过研究美国输配电激励性价格规制机制和实践应用案例，本文提出以下几点建议。

第一，中国目前的"准许成本+合理收益"定价机制仍然是一种弱激励的价格监管模式，对输配电企业降本增效的激励约束作用不明显（白玫，2019）。中国目前正处于规制改革初期，主要任务是理顺电价形成机制，因而没有系统设计规制目标的激励机制，政策功能较为单一，无法满足多元化的规制需求。未来的输配电价规制模式应既能激励企业降本增效，又能兼顾智能电网建设、促进新能源入网等政策要求。从美国一些州的改革经验来看，在效率导向型激励机制的基础上进一步结合特定目标导向型激励机制和附加激励机制，引导企业实现降本增效的政策目标。因此，可以将引入激励性价格规制机制作为中国优化现行输配电定价机制的方向，同时结合其他发达国家的实践做法不断进行模式改良和创新。

第二，推进中国特色政府监管理论体系下输配电价规制改革的有序进行。电力市场建设是一个系统工程，需要增强整体的协调性（许子智、曾鸣，2011），更需要进一步结合中国国情和特点，发挥自身优势。政府监管体制改革已成为中国深化改革的"一块短板"，需要系统而深入地研究如何改革与完善中国的监管体制问题，这要求从理论上针对中国政府监管体制改革和监管实践的现实需要，构建中国特色政府监管理论体系，为政府监管实践提供强有力的理论支撑（王俊豪，2021）。美国的输配电规制改革是在联邦与州两级基础上进行的，各州有权选择和设计本州的价格规制模式，美国各州的价格规制模式各具特色，由于监管框架的限制，某一州改革成功的经验并不能够很快地被其他州所复制，这就使美国不同州的规制改革进程具有明显的差异，个别州的改革推进速度落后于先进州，因而在降本增效和实现多元化规制目标方面的表现也不能令人满意。相比而言，中国政府主导下的规制改革具有明显的制度优势（施子海等，2016），对于先进的价格规制机制，能够迅速在全国范围内推广。因此，中国未来在输配电领域引入激励性规制模式也应该结合本土和特定行业的情况，进行一定程度的改良和创新。例如，要重视政企间的规制博弈行为。一是引入激励性规制将会在短时间内使中国电网企业承担更多的经营压力，政府要关注企业的合理利益诉求，给予企业一定的缓冲期。二是作为国有企业，中国电网企业承担了一些与电网运营不相关的社会职责（唐松林等，2007），政府应该逐步剥离这些功能，避免企业将其作为博弈的筹码，提出不合理的定价要求。三是政府对电网的监管应该进一步规范化和制度化，以往通过行政命令干预企业定价和经营的行为应该坚决取消，尤其是不能在事后进行干预，否则引入激励性规制后将会严重损害其激励效果。

第三，有效的激励性规制离不开较高的行业竞争水平。自2002年国务院出台《电力体制改革方案》以来，"打破垄断，引入竞争"的市场化改革取得了一定成效，电力行业的"厂网分离"已经实现。深入推进电网企业主辅分离也是中国新一轮电力体制改革的一项重要内容。电网企业将主业垄断势力延伸至相关竞争性辅业领域，实施多种纵向一体化策略行为损害了公平竞争机制，降低了企业成本效率。政府应多维度推进电网企业主辅分离改革，形成有效竞争格局和可持续的降本增效机制（王俊豪等，2021）。

第四，结合输配电价规制改革，推动形成区域性电网良性竞争和互联互通的格局。从电力行业结构和监管体系来看，美国实行了输配电网的运营和监管分离，输配电网的监管主要由各州规制机构负责，联邦政府则保留了跨州电力输送的监管权力，因此美国各区域性电网在独立运营的同时能够通过三大电网体系加强互联互通和系统合作。但是，由于没有在输配电价规制机制中引入相对绩效比较分析，具有垄断性质的各区域性电网之间缺少"模拟竞争机制"，不利于电网企业形成竞争压力、主动提高效率。英国和澳大利亚等国家通过引入相对绩效比较分析，构建了模拟市场竞争的机制，促使各区域性电网之间形成良性竞争（沈叶，2016），目前已取得了较好的规制效果。中国应合理借鉴和综合各国的成功经验，结合目前的输配电价规制改革，通过引入相对绩效比较分析和特定目标导向型激励机制，推动各区域性电网及省级电网之间形成良性竞争和有效的互联互通，为优化各地区电力资源配置、加强区域性电力市场建设提供必要的支撑。

参考文献

白玫：《中国电力工业高质量发展：目标、机遇挑战与实现路径——壮丽70年新中国电力工业再出发》，《价格理论与实践》2019年第7期。

白玫、何爱民：《美国电力市场监管体系与监控机制》，《价格理论与实践》2017年第4期。

沈叶：《海外电力市场监管环境及投资策略研究》，硕士学位论文，华北电力大学，2016年。

施子海等：《美国电价形成机制和输配电价监管制度及启示》，《价格理论与实践》2016年第7期。

唐松林等：《美国电力监管制度及启示》，《经济纵横》2007年第1期。

王俊豪：《中国特色政府监管理论体系：需求分析、构建导向与整体框架》，《管理世界》2021年第2期。

王俊豪等：《电网企业纵向一体化、成本效率与主辅分离改革》，《中国工业经济》2021年第3期。

许子智、曾鸣：《美国电力市场发展分析及对我国电力市场建设的启示》，《电网技术》2011年第6期。

杨娟：《美国电力改革进展与电价监管》，《中国物价》2011年第10期。

杨娟：《输配电价格改革的意义、任务及配套措施》，《中国经贸导刊》2016年第13期。

杨子铭：《全球化视域下发达国家输配电价管理与经验借鉴》，《改革与战略》2017年第4期。

于尔铿等：《美国电力市场的安全问题与区域输电组织》，《电力系统自动化》2000年第24期。

张世翔等：《英国与美国输配电价管制模式对比及其经验借鉴》，《价格月刊》2018年第6期。

朱继忠：《美国电力市场的发展和实现方法分析》，《南方电网技术》2016年第5期。

Alberta Utilities Commission, *Rate Regulation Initiative: Distribution Performance-based Regulation*, 2017.

Australian Competition and Consumer Commission, *Benchmarking Opex and Capex in Energy Networks*, ACCC/AER Working Paper, 6/May 2012.

Baatz B., et al., "The Role of Energy Efficiency in a Distributed Energy Future", *The Electricity Journal*, Vol. 31, No. 10, 2018.

Brown T., et al., "Incentive Mechanisms in Regulation of Electricity Distribution: Innovation and Evolving Business Models", Electricity Networks Association New Zealand, October 2018.

Comnes G. A., et al., "Performance-Based Ratemaking forElectric Utilities: Review of Plans and Analysis of Economic and Resource Planning Issues", Energy & Environment Division Lawrence Berkeley National Laboratory University of

California, 1995.

Jump P., Byrne N., "What's Next in the Electric Utility Industry?", *Forbes*, Vol. 172, No. 5, 2003.

Kirsch L. D., Morey M. J., "Alternative Electricity Ratemaking Mechanisms Adopted by Other States", *Christensen Associates Energy Consulting LLC*, May 25, 2016.

Lazar J., "Electricity Regulation in the US: A Guide. Second Edition", The Regulatory Assistance Project, June 2016.

Lowry M. N., et al., "State Performance-Based Regulation Using Multiyear Rate Plans for U. S. Electric Utilities", U. S. Department of Energy, 2017.

Makholm J. D., "The REVolution Yields to a More Familiar Path: New York's Reforming the Energy Vision (REV)", *The Electricity Journal*, Vol. 29, No. 9, 2016.

Mandel B., "The Merits of an 'Integrated' Approach to Performance-Based Regulation", *The Electricity Journal*, Vol. 28, No. 4, 2015.

Mandel B., Spiegel-Fel D., "Reforming Electricity Regulation in New York State: Lessons from the United Kingdom", Round-table Report, January 2015.

Meitzen M. E., et al., "The Alphabet of PBR in Electric Power: Why X does not Tell the Whole Story", *The Electricity Journal*, Vol. 30, No. 8, 2017.

Meitzen M. E., et al., "Debunking the Mythology of PBR in Electric Power", *The Electricity Journal*, Vol. 31, No. 3, 2018.

Sappington D. E. M., Weisman D. L., "The Disparate Adoption of Price Cap Regulation in the U. S. Telecommunications and Electricity Sectors", *Journal of Regulatory Economics*, Vol. 49, No. 2, 2016.

Sappington D. E. M., Weisman D. L., "The Price Cap Regulation Paradox in the Electricity Sector", *The Electricity Journal*, Vol. 29, No. 3, 2016.

State of New York Public Service Commission, *Order Adopting Accelerated Energy Efficiency Targets*, Issued and Effective, 2018.

Ter-Martirosyan A., Kwoka J., "Incentive Regulation, Service Quality, and Standards in U. S. Electricity Distribution", *Journal of Regulatory Economics*, Vol. 38, 2010.

Utility Dive, "2019 State of the Electric Utility Survey", https://www.utilitydive.com/library/2019-state-of-the-electric-utility-survey-report/.